reinhardt

IMPROVISATIONEN ZUM UNSERVATER

«Wie wenn ich beten könnte»

Xandi Bischoff
Nadine Seeger

Friedrich Reinhardt Verlag

Alle Rechte vorbehalten
© 2020 Friedrich Reinhardt Verlag, Basel
Projektleitung: Beatrice Rubin
Layout: Romana Stamm
ISBN 978-3-7245-2421-2

Der Friedrich Reinhardt Verlag wird vom Bundesamt für Kultur mit einem Strukturbeitrag für die Jahre 2016–2020 unterstützt.

www.reinhardt.ch

Inhalt

Geleitwort 11

Einleitung 15

Zu den Bildern 19

HEILIGEN 21

KOMMEN 33

GESCHEHEN 45

GEBEN 57

VERGEBEN 69

FÜHREN 81

ERLÖSEN 93

SEIN 105

Nachwort 131

Abkürzungen 137

Literaturangaben 138

Die Autoren 141

Im Schatten
Tusche und Bleistift auf Papier, 2019
16 × 11 cm

Lotus
Tusche und Öl auf Papier, 2019
13 x 13 cm

GELEITWORT

Das Unservater ist das grosse Gebet Jesu, unser grösstes Gebet – und: eines der kürzesten und konzentriertesten der Christenheit. Das hat Xandi Bischoff und Nadine Seeger, welche sich aufs Konzentrieren verstehen, welche zusammen in Wort und Bild schon alle 150 Gebete des Psalmenbuches «destilliert» haben, dazu inspiriert, in einem neuen, schönen Buch auch hier Essenzen zu suchen.

Während bei den Psalmendestillaten zum Teil lange, hin und her schwingende hebräische Gebete und Lieder zu hochprozentig geistlichen «Getränken», zu Konzentraten von jeweils nur 5 bis 20 Wörtern mit je einer bildnerischen Interpretation verdichtet wurden (allerdings mit zum Teil ausführlichen Erklärungen im zweiten Teil, die zum Studium und Genuss dieser Gebets-Destillate einladen), so gehen die vorliegenden Improvisationen zum Herrengebet den umgekehrten Weg: Hier wird Konzentriertes «ausgepackt».

Es sind Variationen, welche dieses nur 63 Worte lange Gebet meditieren, umspielen, bedenken, fortspinnen und so in seiner Bedeutung und seinen Perspektiven ausloten – dies mit den Mitteln poetischer Worte und bildnerischer Farben: gut vorbereitete, und dennoch persönlich und spontane Improvisationen eben. Auch hier fehlen Annotationen nicht, d. h. kurze Erklärungen und weiterführende Zitate, sie sind jetzt am Fusse der Seite platziert, so wie man ja in den Weinkeller hinuntersteigt und dies und jenes heraufholt. Der Gang ins Kleingedruckte des Untergeschosses lohnt sich auch hier.

Xandi Bischoff und Nadine Seeger entwickeln ihre Improvisationen, indem sie das Konzentrat dieses so dichten und klaren Gebetes mit sieben Bitten und der abschliessenden Doxologie in acht Kapiteln einer genauen Wahrnehmung und persönlichen Interpretation unterziehen, diese gewissermassen zu «kauen» versuchen, wie eine alte rabbinische, auch klösterliche Weisheit der Textaneignung empfiehlt (= ruminatio), eine Metaphorik der Einverleibung, der Aneignung, die sich übrigens auch bei Luther und Zwingli findet.

Und wenn einmal zu Recht gesagt worden ist, die Hauptwortsorte des christlichen Glaubens sei das Verbum, so haben sie für ihre Erkundungsgänge acht Tätigkeitswörter als Titel gewählt, nämlich: *heiligen, kommen, geschehen, geben, vergeben, führen, erlösen* und *sein*. Und das ist ein überzeugender Ansatz: Gebet geht nicht nur nach innen, es bereitet jene Aktionen und Tätigkeiten im Leben vor, die dann auch folgen sollten.

Was bei ihren Erkundungsgängen und Tiefenbohrungen so schön ist: Man kommt dem biblischen Unservater näher, man fliegt nicht über wichtige Worte, Essenzen und Akzente hinweg, man hält inne und lässt diese auf sich wirken: Es sind wirklich Einweisungen und Anwendungsformen für eine Einmittung, für Meditationen.

Und wenn der Basler und Wiesentaler Dichter Johann Peter Hebel, der ja schliesslich sogar so etwas wie ein Badischer Landesbischof wurde, in seinen «Ideen zur Gebetstheorie» sagt, man müsse Gebete nicht nur von falscher Dogmatik und theologisch-abstrakten Theorien reinigen, sondern auch «von allem Schlendrian des Ausdrucks, von allem Hinüberdrehen ins Homiletische», so trifft er genau das, was die dichterischen Versuche von Xandi Bischoff anstreben: «Tausche der liebe Gott uns gegen diese fremde Zunftsprache unsere natürliche Sprache wieder ein, die wir verloren haben, damit wir beten können, wie die lieben Kinder zu ihrem lieben Vater, nicht wie steife Handwerksgenossen und Altgesellen im geschworenen Gruss.»

Es ist diese Nähe, diese Innigkeit, diese Sprache der Frömmigkeit, die keine Angst hat, Emotionen zu zeigen, Gedanken und überraschend saloppe Worte zu wagen, welche mich anspricht.

So wünsche ich diesem Buch viele Leser und Leserinnen, viele Betrachter und Betrachterinnen, viele meditationsfreudige Zeitgenossen, die sich auf diese Konzentration, auf diese Einmittung, aber eben auch auf diese Angebote zur Entfaltung, zur Aneignung, zum eigenen Gebet einlassen.

Niklaus Peter
Pfarrer am Fraumünster Zürich und Dekan des Pfarrkapitels Stadt Zürich.
1. Januar 2020, dem Geburtstag Huldrych Zwinglis

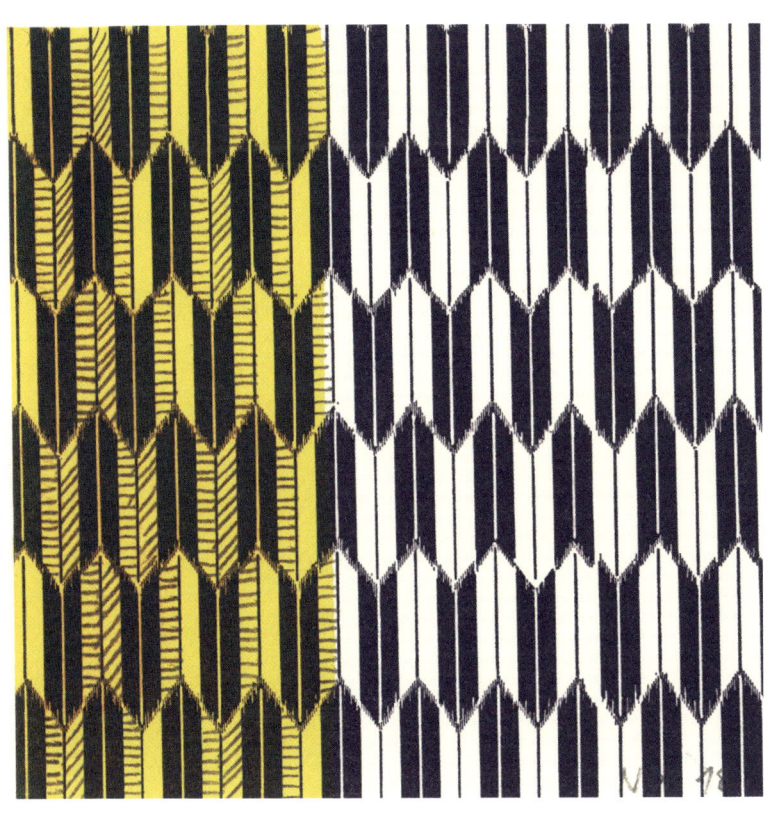

Kleine Änderung – grosse Wirkung
Tusche und Bleistift auf Papier, 2018
12 x 12 cm

EINLEITUNG

Das Unservater hat eine zweitausendjährige Erfolgsgeschichte. Alle Christen und Christinnen haben es als Grundtext für das eigene Meditieren und Beten gebraucht. Ich sage «gebraucht», um diesem Gebet einen alltäglichen und nicht gleich sakralen Anstrich zu geben. Wunderbarerweise hat es nicht zu Zerwürfnissen zwischen Christen und Kirchen geführt (wie etwa die Eucharistie, respektive das Abendmahl).

So lautet das Gebet in seiner ökumenischen Fassung:

Vater unser im Himmel,
geheiligt werde dein Name.
Dein Reich komme.
Dein Wille geschehe,
wie im Himmel, so auf Erden.
Unser tägliches Brot gib uns heute.
Und vergib uns unsere Schuld,
wie auch wir vergeben unsern Schuldigern.
Und führe uns nicht in Versuchung,
sondern erlöse uns von dem Bösen.
Denn dein ist das Reich
und die Kraft
und die Herrlichkeit in Ewigkeit.
Amen.

Das vorliegende Buch ist eine Sammlung von Improvisationen über jenes eine und grundlegende Gebet, das auf Jesus selber zurückgeht. In praktisch jedem Text sind alle sechs, respektive – je nach Interpretation – sieben Bitten thematisiert. Die Improvisationen sind kapitelweise nach den acht Verben des Unservater gegliedert:

I	heiligen
II	kommen
III	geschehen
IV	geben
V	vergeben
VI	führen
VII	erlösen
VIII	sein

Hauptinspiration beim Verfassen der Improvisationen waren die oft originellen Bilder und Vergleiche des Unservater, die ich in der Patristik gefunden habe. (Mit Patristik bezeichnet man die Literatur der Kirchenväter, die in den ersten Jahrhunderten nach Christus, also zur Zeit der Alten Kirche, gelebt haben; siehe dazu: Roy Hammerling: The Pearl of Great Price: The Lord's Prayer in the Early Church [1].)

Ein paar Beispiele:
- Das Unservater ist eine Perle, die man sorgfältig aufbewahren und sorgfältig behandeln sollte (Ambrosius † 397).
- Das Unservater ist Nahrung für die Suchenden (Theodorus von Mopsuestia † 350).
- Wenn man das Unservater betet, beginnt man, einen Vater zu haben (Augustinus † 430).
- Das Unservater ist eine Einführung in die Mystik (nach Ambrosius, eigentlich: eine mystagogische Lehre).
- Das Unservater rettet die Herde, wie Christus der Hirte vor dem Wolf rettet und sie auf die grüne Wiese führt (Sedulius † 450).
- Das Unservater führt die drei Könige auf dem schmalen Pfad zum Himmelreich (Sedulius).
- Das Unservater ist voller Wunder, Wundertaten und Wunderworte (Sedulius).
- Das Unservater macht Christen zu Geschwistern (Sedulius).
- Das Unservater ist neuer Wein in neuen Schläuchen (Tertullianus † 220).
- Das Unservater ist Erfrischung für die Übermüdeten (Gregor von Nyssa † 394).

EINLEITUNG

Ich schreibe «Unservater». Es wird im deutschen Sprachraum oft Vaterunser genannt, aufgrund der gewissermassen interlinearen Übersetzung aus dem Lateinischen: *Pater noster*. Aber da man auf Französisch auch nicht *père-notre* sagt, oder *father-our* auf Englisch, halte ich es mit der Evangelisch-reformierten Kirche der Schweiz, die durchwegs vom Unservater spricht; siehe «Rede und Antwort stehen – Glauben nach dem Unservater» [2]. Es klingt für mich sprachlich natürlicher. In der Literatur liest man oft noch den etwas altertümlichen Ausdruck «Gebet des Herrn» oder «Herrengebet» (lateinisch: *oratio dominicalis*), so etwa bei Romano Guardini [3], den ich häufig zitiere.

Die Fussnoten lassen viele Glaubende (zeitgenössische, aus der Kirchengeschichte und aus der Bibel) zu Wort kommen. Sie alle haben mit dem Unservater gelebt, es *im Herzen bewegt* (wie Maria die Worte des Engels, s. Lk 2,19), darüber nachgedacht *(meditari* heisst nachdenken), es gekaut *(ruminare*, wie die Wüstenväter sagen würden), oder es gegessen (wie es Dorothee Sölle in ihrem unvergleichlichen Text «Psalmen essen» genannt hat: «Die Psalmen sind für mich eins der wichtigsten Lebensmittel. Ich esse sie, ich trinke sie, ich kaue auf ihnen herum, manchmal spucke ich sie aus, und manchmal wiederhole ich mir einen mitten in der Nacht. Sie sind für mich Brot.»).

Bibelzitate sind immer *kursiv* gesetzt und verschiedenen Übersetzungen entnommen: vor allem der «Luther 2017», aber auch der Einheitsübersetzung 1980 (diese wird immer noch in christlichen Gemeinschaften und Klöstern gebraucht, die ihre Stundengebete und Psalmen singen, obwohl seit 2017 eine revidierte, aber etwas Charme-arme Einheitsübersetzung existiert). Gelegentlich zitiere ich auch die Basisbibel. Wörtliche Zitate aus der Literatur sind in Anführungszeichen («») gesetzt.

Die Miniatur auf dem Umschlag, aber auch die anderen, die zwischen die Texte eingestreut sind, sollen die verschiedenartigen und -farbigen Bezüge zum zentralen Gebet aller Christinnen und Christen illustrieren.

ZU DEN BILDERN

Wie ist es heute, als Frau, das Unservater zu beten? Wer ist der Unservater? Welches innere Bild taucht auf? Der Patriarch, der eigene leibliche Vater, der mütterliche Vater, die Mutter, der Mann?

Manchmal bete ich mit Zwiespältigkeit das Unservater, vielleicht auch manchmal mit etwas Trotz, eigentlich sehr kindlich. Es geht mir dabei wie oft in der Liturgie: Irgendwie bin ich trotzdem auf geheimnisvolle Weise heimisch darin.

In der Arbeit an diesem Büchlein war uns klar, dass wir nicht nur ein schlichtes Gebetsbüchlein schaffen, sondern dass wir im aktuellen Diskurs ein heikles Thema anschneiden. Xandi Bischoff gelingt mit dem Fokus auf unser Kind-Sein eine elegante Lösung.

Ich stiess in meiner Auseinandersetzung auf die Figur der Sophia als Allegorie eines Wesenszuges Gottes; sie ist die Weisheit, der weibliche Teil Gottes. Es ist jedoch aus den alten Texten für mich nicht immer klar, ob im Grunde die Weisheit nur ein anderes Wort für Gott ist. Das gefiel mir. So entstanden Bilder, die sich stark mit der Uneindeutigkeit befassen, mit der Ambivalenz. Mann oder Frau? Kirche oder Palast? Mikro- oder Makrokosmos? Selbstgespräch oder Dialog?

Ambivalenz ist eine Grunderfahrung des Menschseins. Sie zu ertragen ist eine grosse Herausforderung. Hier treffen die Meditationen auf meine Miniaturen: Das Leben mit Bitten und Danken, wie es das Unservater tut, gilt es zu gestalten und auszuhalten.

Nadine Seeger

HEILIGEN

Hagia Sophia oder Taj Mahal
Öl auf Papier, 2015
19 × 18 cm

heilig heilig heilig ist dein name

so anders so besonders so einzig
so nah so hoch so fern so weit

so anders dein reich so anders dein wille
so anders dein brot so anders deine hilfe

die andere gerechtigkeit der andere friede
die andere freude die andere freiheit

alles so neu und doch vertraut
so frisch und unverbraucht

so
ja so

❙ *Geheiligt werde dein Name.* (Mt 6,9; Lk 11,2) ❙ Die erste Bitte des Unservater ist für uns Heutige wohl die fremdeste. Das mag am Verb *heiligen* liegen, einem Schlüsselwort sowohl im AT wie im NT. *Heiligen* bedeutet: hervorheben, speziell behandeln, sich mit besonderer Ehrfurcht nähern. ❙ Jesus gibt seinen Jüngern und Jüngerinnen ein Gebet, das neu und zugleich vertraut klingt, weil mit ihm Worte und Bilder der Heiligen Schrift verknüpft sind. ❙ *Name* ist das andere mit viel Geschichte, Erinnerung und Gotteserfahrung aufgeladene Wort aus dem AT. *Name* steht hier für Gott selbst; gemeint ist: *Gott, verändere die Welt so, dass sie dich ehrt.* (Basisbibel). ❙ Jesaja hört und erlebt in seiner ersten Gottesbegegnung einen himmlischen Gesang: *Heilig, heilig, heilig ist der Herr Zebaoth, alle Lande sind seiner Ehre voll!* (Jes 6,3) ❙ Die ersten Christen sahen in ihm einen Hinweis auf die Trinität (s. Offb 4,8) ❙ «Das Unservater ist voller Geheimnis, Wunder und Kraft.» (Augustin † 430; zitiert in: Hammerling) [1] ❙

wenn ich nur dich habe

    wenn ich nur

deinen namen weiss und ihn sagen kann
    wenn ich nur
dein reich erahne so geheimnisvoll es ist
    wenn ich nur
von deinem willen weiss der mein bestes will

    wenn ich nur

dein brot bekomme in noch so kleinen häppchen
    wenn ich nur
mit deinem vergib rechnen kann ohne zu zählen
    wenn ich nur
mit deiner rückendeckung dastehen kann

    dann brauche ich weiter nichts

❙ «Wer den Höchsten als Vater anredet und ABBA schreit, ist Kind Gottes, und ein Kind wird nicht zuerst den Vater loben, um etwas zu bekommen. Es bittet sofort und will etwas zu essen haben (Mt 7,7–11). Die Kinder Gottes aber begehren zuerst die Heiligung seines Namens und die Ankunft seiner Herrschaft. In diesem Begehren sind Bitte und Anbetung geeint.» (Neugebauer) [4] ❙ «Ein Wort aus den Psalmen klingt wie eine Präambel allen Betens: *Wenn ich nur dich habe, so frage ich nichts nach Himmel und Erde. Wenn mir gleich Leib und Seele verschmachtet, so bist du doch, Gott, allezeit meines Herzens Trost und mein Teil.* (Psalm 73,25f). Weil Gott alles ist, kann ihm alles andere gesagt werden.» [4] ❙ «ABBA» geht zurück auf semitisch «AB» und bedeutet Quelle, Ursprung, und sowohl Papa wie Mamma. ❙ *Vater unser im Himmel,* diese Welt ist dein Haus. Wir danken dir, dass wir das wissen. *Geheiligt werde dein Name.* In ihm liegt der Sinn unseres Glücks und aller unserer Mühen.» (Jörg Zink) ❙

HEILIGEN

dreimal täglich beten

unser unser unser vater vater vater
im im im himmel himmel himmel

geheiligt geheiligt geheiligt werde werde werde
dein dein dein name name name
dein dein dein reich reich reich
komme komme komme
dein dein dein wille wille wille
geschehe geschehe geschehe

unser unser unser tägliches tägliches tägliches
brot brot brot gib gib gib
uns uns uns heute heute heute

und und und vergib vergib vergib
uns uns uns unsre unsre unsre schuld schuld schuld
wie wie wie auch auch auch wir wir wir vergeben vergeben vergeben
unseren unseren unseren schuldigern schuldigern schuldigern
und und und führe führe führe uns uns uns
nicht nicht nicht in in in versuchung versuchung versuchung

und und und so so so weiter weiter weiter
(so will es die didache) amen amen amen

❙ Das Unservater ist uns nicht nur von den Evangelisten Matthäus und Lukas überliefert (Mt 6,9–11; Lk 11,2–4), sondern auch in einer frühchristlichen Schrift aus dem 1. Jh., der sogenannten «Didache», «Lehre der Apostel» genannt. «*Vater unser im Himmel, lass uns und andere deinen Namen ehren und heilig halten. Lass uns und andere deine Herrschaft anerkennen und deinen Willen tun, damit das, was im Himmel bereits geschieht, auch auf Erden wirklich werden kann. Gib uns heute unser Brot für morgen. Und vergib uns unsere Schuld, wie auch wir denen vergeben, die uns etwas schuldig geblieben sind, und führe uns an der Versuchung vorbei, erlöse uns von dem Bösen. Denn dein ist das Reich und die Herrlichkeit für immer. Dreimal am Tag sollt ihr so beten.*» (in der Übersetzung von Berger/Nord) [5]. Die Didache schliesst das Gebet mit einer Doxologie und einer Anweisung, wie oft das Unservater zu beten sei: dreimal täglich, morgens, mittags und abends. ❙ «Das Unservater ist Nahrung für die Suchenden.» (Augustin) [1] ❙

gott du mein gott

ich halte ausschau nach dir

wort du mein wort
morgen du mein morgen
ziel du mein ziel

brot du mein brot
ruhe du meine ruhe
weite du meine weite

❙ Dietrich Bonhoeffer († 1945): «... dass jedes Gebetswort in eine Tiefe des Herzens hinein dringen will, die ihm nur in unaufhörlicher Wiederholung ... erreichbar wird; dass es im Gebet ... um das ununterbrochene, stetige Lernen, sich Aneignen, dem Gedächtnis Einprägen des Willens Gottes in Jesus Christus (geht). Oetinger hat in seiner Psalmenauslegung eine tiefe Wahrheit zur Geltung gebracht, wenn er den ganzen Psalter den sieben Bitten des Vaterunsers eingeordnet hat. Er wollte damit sagen, dass es in dem weiten und grossen Psalm-Buch doch um nichts mehr und um nichts anderes geht, als in den kurzen Bitten des Gebets des Herrn.» (Gemeinsames Leben) [6] ❙ Die Unservater-Variation meditiert die Bitten anhand von Ps 63,2f.: *Gott, du mein Gott, dich suche ich, meine Seele dürstet nach dir. Nach dir schmachtet mein Leib wie dürres, lechzendes Land ohne Wasser. Darum halte ich Ausschau nach dir im Heiligtum, um deine Macht und Herrlichkeit zu sehen.* ❙ «Das Unservater ist die Stillung unserer Sehnsucht.» (Gregor von Nyssa) [1] ❙

komparatives gebet

du bist heiliger
du bist heller
du bist wirklicher

du bist stärker
du bist freigiebiger
du bist weiter

als alles andere

❙ Das Unservater ist ein kurzes Gebet. Es ist alltagstauglich und kann überall mitgenommen werden. Es gleicht einem «Multi-purpose-tool» und ist in den verschiedensten Situationen anwendbar. Man kann sich wehren, indem man der widrigen Umwelt laut sagt, dass Gott grösser ist als sie. ❙ Die Sprache des Unservaters und die der Psalmen gleichen sich, s. z. B. Ps 71: *Ich künde von deiner Gerechtigkeit, Gott, die grösser ist als alles. Du hast Grosses vollbracht. Mein Gott, wer ist wie du?* ❙ Martin Luther († 1546) sagt: «Der Psalter ist durchs Vaterunser und das Vaterunser durch ihn also gezogen, dass man eins aus dem andern sehr fein verstehen kann und lustig zusammenstimmen.» ❙ Offb 12,10: *Nun ist das Heil und die Kraft und das Reich unseres Gottes geworden und die Macht seines Christus; denn der Verkläger unserer Brüder und Schwestern ist gestürzt, der sie verklagte Tag und Nacht vor unserm Gott.* ❙ Das Unservater ist «Ermutigung für die Entmutigten und Trost für die Besorgten». (Gregor von Nyssa † 394) [1] ❙

beten heisst heiligen

beten heisst den neuen namen sagen dürfen
beten heisst das neue reich erwarten
beten heisst einen neuen willen bekommen

beten heisst frisches brot erhalten
beten heisst ständige vergebung gewähren
beten heisst ins freie treten

beten heisst dankbar werden

❙ In Dante Alighieris († 1321) «Divina Commedia» findet sich ein Unservater in Gedichtform; es wird von den Wanderern im Purgatorio gebetet: «O unser Vater, der du im Himmel bist, nicht um dich von uns abzugrenzen, sondern weil du am meisten liebst, was du dort oben als erstes gewirkt hast. Jedes Geschöpf soll deinen Namen loben und deine Kraft, wie wir auch dafür zu danken haben, dass diese so sanft zu uns herabfliesst. Der Friede deines Reiches komme zu uns, denn mit all unserer Geisteskraft können wir, wenn er nicht kommt, nicht zu ihm gelangen. Wie deine Engel ihren Willen für dich darangeben, wenn sie Hosianna singen, so sollen es die Menschen mit ihrem Willen machen. Gib uns heute unser tägliches Manna, ohne das in dieser rauen Wüste auch wer am meisten voranstrebt, zurückfallen muss. Und wie wir jedem das Böse, das wir erlitten haben, vergeben, so vergib auch du uns und sieh nicht auf unser Verdienst.» [7] ❙ «Das Unservater ist eine neue Form von Gebet.» (Tertullianus † 220) [1] ❙

HEILIGEN

ich setze darauf (mit heiligem vertrauen und ein wenig trotz)

dass dein wille geschieht
dein reich näherkommt
genug brot vorhanden ist

dass ich vergebung erfahren und gewähren
schutz und freiheit erleben
und in allem deinen namen entdecken kann

so wird der tag reich kräftig und herrlich

❙ Romano Guardini († 1968) über die erste Bitte des Unservater: «Gottes Name ist uns also geoffenbart, und wir können ihn nennen. Er weist uns den Ort unseres Daseins an, denn durch ihn werden wir unseres eigenen Wesens inne. Wenn wir Gott richtig nennen, nennen wir richtig uns selbst. Daher sollen wir wissen, und betend immer neu als Grundwahrheit alles Daseins bekennen, dass Er Urbild und Schöpfer ist, wir aber im Ebenbild Geschaffene ... Er der Vater, wir aber, in Christi Gemeinschaft, seine Söhne und Töchter und also Geschwister zu einander. Sich lauteren Herzens in dieser Ordnung zu halten, ist das, was die Schrift die ‹Furcht Gottes› nennt. So viel wir sie verwirklichen, werden wir wirklich wir selbst; so viel von ihr abweichen, verlassen wir unser Wesen und verlieren unseren Sinn.» [3] ❙ «Das Unservater gibt wachsenden Mut.» (Gregor von Nyssa) [1] ❙ Angelus Silesius († 1677) «Je mehr man sich ergibt / je mehr wird man geliebt.» [8] ❙

HEILIGEN

lass mich heute heilig werden

lass mich heute dein kind sein
lass mich in der zukunft leben
lass mich heute gelassen wandern

lass mich heute geschöpf sein
lass mich mensch werden
einer der frieden macht

lass mich heute heilig sein
lass mich einer sein der frei ist
lass mich der sein den du willst

❙ Dass wir Kinder des himmlischen Vaters werden können, das ist das ganz Neue (das ganz Neue des Evangeliums, des Glaubens und des Betens). Paulus spricht von Adoption: *Denn welche der Geist Gottes treibt, die sind Gottes Kinder. Denn ihr habt nicht einen Geist der Knechtschaft empfangen, dass ihr euch abermals fürchten müsstet; sondern ihr habt einen Geist der Kindschaft empfangen, durch den wir rufen: Abba, lieber Vater! Der Geist selbst gibt Zeugnis unserm Geist, dass wir Gottes Kinder sind.* (Röm 8,14–16) ❙ «Wenn du diese Worte sprichst, bist du in der Wahrheit. Wenn du diesen Namen rufst, rufst du den lebendigen Gott, deinen Vater: Und was sich dir dann zuwendet, ist seine Liebe.» (Romano Guardini) [3] ❙ Buchtitel von Frère Roger de Taizé : «Dieu ne peut qu'aimer». Gott kann nur lieben. ❙ Das Unservater ist «breviarium totius Evangelii»: die Kurzfassung des ganzen Evangeliums (Tertullianus † 220), und «coelestis doctrinae compendium»: Leitfaden der himmlischen Lehre. (Cyprianus † 258) [9] ❙

schenk uns zeit

schenk uns vater heilige reichliche gewollte
schenk uns nahrhafte entlastete erlöste
zeit zeit zeit
zeit zeit
zeit

▌Die Gegenwart Gottes macht die Zeit zu einer heiligen Zeit und den Raum zu einem heiligen Raum. ▌Meister Eckhart († 1328): «*Dein Name werde geheiligt,* d. h. verherrlicht, nämlich so, dass wir in allen Dingen an die Ehre unseres Vaters unsere ganze Leidenschaft wenden und so bezeugen, dass unsere Sehnsucht, unsere Freude die Ehre unseres Vaters ist.» (in: Tractatus super oratione dominica) ▌Aus dem Heidelberger Katechismus (1563, von Zacharias Ursinus): «*Geheiligt werde dein Name.* Das heisst: Gib uns, dass wir dich recht erkennen und dich in allen deinen Werken, in denen deine Allmacht, Weisheit, Güte, Gerechtigkeit, Barmherzigkeit und Wahrheit leuchten, heiligen, rühmen und preisen. Gib uns auch, dass wir unser ganzes Leben, Gedanken, Worte und Werke danach ausrichten, dass dein Name um unseretwillen nicht gelästert, sondern geehrt und gepriesen werde.» ▌Das Unservater ist «der Weg zurück zum Vater», wie im Gleichnis der zwei Söhne, cf. Lk 15. (Gregor von Nyssa) [1] ▌

KOMMEN

Kostbarkeit
Öl auf Landkarte, 2018
13 × 13 cm

KOMMEN

litanei beim warten

wir warten auf deinen namen
                    auf dass er aufscheint und glauben schenkt
wir warten auf dein reich
                    auf dass es kommt und begehbar wird
wir warten auf deinen willen
                    auf dass er geschieht und wir entstehen
wir warten auf dein brot
                    auf dass du es uns gibst und wir es weiterreichen
wir warten auf deine vergebung
                    auf dass du sie uns gewährst und wir sie anderen
wir warten auf deine führung
                    auf dass wir nicht zurückfallen und böse werden
wir warten auf deine erlösung
                    auf dass wir freiwerden von der sklavenhaltung

---

❙ Die zweite Bitte des Unservater lautet: *Dein Reich komme.* (Mt 6,9; Lk 11,2) ❙ Gottes Zukunft kommt auf uns zu, und mit ihr eine neue Art von Gemeinschaft und Gesellschaft, von Miteinander und Beziehung. Auf diese Zukunft, die wie die Sonne am Horizont auftaucht, kann man sich nur freuen. Sich auf diese Zukunft ausrichten braucht langen Atem. Die Sehnsucht auf das Reich Gottes ist wie ein pochender Schmerz, und gleichzeitig eine Kraft beim Warten. ❙ «Das Christentum ist ganz und gar und nicht nur im Anhang Eschatologie, ist Hoffnung, Aussicht und Ausrichtung nach vorne, darum auch Aufbruch und Wandlung der Gegenwart ... Es gibt darum nur ein wirkliches Problem der christlichen Theologie, das ihr von ihrem Gegenstand her gestellt ist: das Problem der Zukunft.» (J. Moltmann) [2] ❙ «Warten ist eine grosse Tat» (Ch. Blumhardt † 1880). ❙ Das Unservater gibt Kraft zum Durchhalten und Dranbleiben. Cyprian († 258) spricht von «gratia perseverantia», Gnade der Ausdauer. [1] ❙

lauter fragezeichen

bin ich am warten (fragezeichen)
versuche ich zu beten (fragezeichen)
wann hilfst du (fragezeichen)

wo bist du (fragezeichen)
wann kommst du (fragezeichen)
wie handelst du (fragezeichen)

wo ist stärkung zu finden (fragezeichen)
wo ist dein friede zu haben (fragezeichen)
wo ist die freiheit geblieben (fragezeichen)

wie ist dein reich (fragezeichen)
wie ist deine kraft (fragezeichen)
wie ist deine herrlichkeit (fragezeichen)

geordnete fragezeichen
man wird doch wohl noch fragen dürfen oder
nicht (fragezeichen)

❙ «Die Welt ist nicht genug». Das ist die Überschrift des Kapitels über die Bitte «Dein Reich komme» im Buch «Rede und Antwort stehen – Glauben nach dem Unservater». [2] ❙ «Unsere Welt zu reformieren bedeutet im Kern, die Weltwirklichkeit mit anderen Augen wahrzunehmen. Was dann zunächst als weltfremd erscheint, kann sich bei genauerem Hinsehen gerade als lebensförderlicher Realismus herausstellen. Tatsächlich fragen Christinnen und Christen nicht danach, was unserer Welt dient, sondern was dem Leben nützt. Sie kritisieren nicht eine Weltfremdheit, sondern eine Lebensfremdheit. Nicht alles, was der Welt entspricht, dient auch dem Leben und nicht alles, was in unseren Augen weltfremd erscheint, ist auch lebensfremd.» [2] ❙ «Wo ist der Vater?» Das ist die Übersetzung des Namens *Hiob* [10], dem Ur-Frager und Ur-Zweifler, der wohl erst mit dem Unservater die rettende Antwort bekommen wird: Hier ist der Vater. ❙

KOMMEN

versuch es mal so

beweise dich nicht
du bist bewiesen
du hast einen vater
        beschütze dich nicht
        du gehörst zu ihm
        das reich kommt
verteidige dich nicht
du bist gewollt
sein wille geschieht
        bestätige dich nicht
        du hast einen namen
        sein name ist heilig
verzichte auf autarkie
du erhältst brot jeden tag
verzichte auf raubbau
        du kannst vergebung leben
        verzichte auf lohn
        du bist befreit vom system
das kommt alles von jesus
und seinem gebet
zum himmlischen vater

❚ Wir können im Reich der Liebe leben, wie wenn es schon da wäre. Damit leben wir in der Zukunft Gottes. ❚ Die Liebe ist die geheime Triebkraft und Sehnsucht hinter allem. Wir sind noch nicht ganz «dort». Aber irgendwann ist es so weit. In der Zwischenzeit tun wir so, als ob es soweit wäre. In einem «konjunktivischen Kosmos» leben, nennt das Christian Lehnert (in: Korinthische Brocken) [11]. Wir hoffen, wie wenn wir hoffen könnten. Wir beten, wie wenn wir beten könnten. Wir glauben, wie wenn wir glauben könnten. Wir lieben, wie wenn wir lieben könnten. ❚ «Geheiligt werde dein Name / nicht der meine, / dein Reich komme / nicht das meine, / dein Wille geschehe / nicht der meine. / Gib uns Frieden mit dir, / Frieden mit den Menschen, / Frieden mit uns selbst, / und befreie uns von Angst.» (Dag Hammarskjöld, † 1961, Zeichen am Weg. [12]) ❚ «Die Lieb ist unser Gott / es lebet alles durch Liebe; / Wie seelig wär ein Mensch, der stets in ihr verbliebe.» (Angelus Silesius † 1677) [8] ❚

KOMMEN

kriegerisches unservater

dein name ist stark
du bist mein schutz
mit dir kann ich im kampf bestehen

dein reich das kommt ist stabil
du bist mein wille
mit dir kann ich im krieg überleben

dein brot macht energisch
du bist mein ernährer
mit dir komm ich durch

dein vergeben macht stark
du bist mein entschulder
mit dir kann ich die liebe erringen

❙ «Wenn wir um das Kommen des Gottesreiches bitten, erwarten wir eine Politik Gottes, die nicht menschlichen Massstäben und realpolitischen Machtverteilungen folgt. Über das Kommen seines Reiches entscheidet keine demokratische Mehrheit. Die Bürgerinnen und Bürger dieses Reiches sind nicht der Souverän, der die Macht nach seinen Vorstellungen verteilt. In dieser Gewissheit betet die Kirche hoffnungsvoll die Worte aus dem vorletzten Vers der Bibel *Amen, komm, Herr Jesus!*» (Offb 21,20) (Rede und Antwort stehen) [2] ❙ Die Hoffnung auf das zukünftige Reich macht uns energisch und angriffig; wir sind ermutigt dazu, uns zu wehren und zu kämpfen. ❙ Aus Psalm 18: *Mit dir erstürme ich Wälle, mit meinem Gott überspringe ich Mauern. Gott hat mich mit Kraft umgürtet, er führte mich auf einen Weg ohne Hindernis. Er lehrte meine Hände zu kämpfen, meine Arme, den ehernen Bogen zu spannen. Du gabst mir deine Hilfe zum Schild, deine Rechte stützt mich; du neigst dich mir zu und machst mich gross.* ❙

gott fragt sorgfältig

darf ich dich retten?
darf ich dich schützen?
darf ich dich versöhnlich stimmen?
darf ich dir vergeben?
darf ich dich wirklich werden lassen?
darf ich dir die zukunft aufhellen?
darf ich dich in meine nähe holen?

❙ Gott wendet sich uns zu. Er bietet seine Hilfe an, doch er drängt sich nicht auf. Er wartet geduldig und respektiert uns. ❙ «Es ist eine Kunst, Gebete so zu verrichten, dass der Verstand – sogar beim mündlichen Beten – sich viel rascher sammelt und es ist ein Gebet, das tausend Wohltaten mit sich bringt; man nennt es Sammlung, weil die Seele alle ihre Vermögen sammelt und in ihr Inneres zu ihrem Gott einkehrt. Es kommt ihr göttlicher Meister rascher zu ihr, um sie zu unterweisen und ihr das Gebet der Ruhe zu schenken.» (Teresa von Ávila, †1582, über das Unservater, in «Weg der Vollkommenheit») [13]
❙ Psalm 65,3–5: *Du erhörst die Gebete. Alle Menschen kommen zu dir unter der Last ihrer Sünden. Unsere Schuld ist zu gross für uns, du wirst sie vergeben. Wohl denen, die du erwählst und in deine Nähe holst, die in den Vorhöfen deines Heiligtums wohnen.* ❙ «Treu der Erde / und voll Sehnsucht / nach dem Himmel / Pflege das Leben / bis zum Äussersten.» (Hildegard von Bingen †1179) ❙

adverbiales unservater

gott du bist unser vater

nämlich
reichlich
himmlisch
täglich
vergeblich
führlich
erlöslich

❙ Im Buch des Propheten Jeremia sagt Gott einmal Folgendes: *Und ich dachte, du würdest mich dann «Lieber Vater» nennen und nicht von mir weichen. Aber das Haus Israel hat mir nicht die Treue gehalten.* (3,19f) ❙ Im NT heisst es dann: *Weil ihr nun Kinder seid, hat Gott den Geist seines Sohnes gesandt in unsre Herzen, der da ruft: Abba, lieber Vater! So bist du nun nicht mehr Knecht, sondern Kind.* (Gal 4,6f) ❙ «*Als Gott den Menschen schuf,* sagt die Genesis, *schuf Er ihn nach Seinem Bild, Ihm ähnlich.* (1,26) Damit wird der Wesensname des Menschen genannt: Jener, der Gottes Ebenbild ist. Darin deutet sich aber auch der Name Gottes an: Urbild. Was der Mensch sein soll und darf, wird ihm gegeben, sein Mass steht über ihm; was Gott ist, ist Er aus Ihm selbst seines Wesens Herr.» (Romano Guardini) [3] ❙ Das Unservater ist sozusagen «*dieses kostbare Gut, das dir anvertraut ist; bewahre (es) durch den Heiligen Geist, der in uns wohnt.* (2. Tim 1,14) ❙ «Das Unservater macht Sklaven zu Söhnen und Töchtern.» (Cassianus † 435) [1] ❙

gott ist gott

gott ist heilig
gott kommt
gott will
gott gibt
gott vergibt
gott erlöst

gott nimmt uns an
als kinder

❙ Psalm 50,1–3: *Der Gott der Götter, der Herr, spricht, er ruft der Erde zu vom Aufgang der Sonne bis zum Untergang. Vom Zion her, der Krone der Schönheit, geht Gott strahlend auf. Unser Gott kommt und schweigt nicht.* ❙ Chrysologus von Ravenna († 450): «Was ihr heute hören werdet – die Engel staunen, der Himmel wundert sich, die Erde fürchtet sich, das Fleisch trägt es nicht, das Ohr fasst es nicht, der Geist begreift es nicht. Und ich, ich wage es nicht auszusprechen, aber schweigen kann ich auch nicht. Lasst uns hinzutreten, meine lieben Kinder, dahin, wohin uns die Liebe ruft, die Liebe zieht, die Liebe einlädt. Unser Inneres soll den Vater-Gott erkennen, unsere Stimme ihn rufen, unsere Zunge ihn nennen, unser Geist ihn bekennen, und alles, was in uns ist, soll sich der Gnade überlassen, nicht der Furcht! Denn er, der vom Richter zum Vater wurde, wollte geliebt und nicht gefürchtet werden.» [1] ❙ «Denn alle wissen Gott, die ihren Atem wissen, die Kühle und den Sog, die Fülle, das Vermissen.» (Ch. Lehnert, in: Cherubinischer Staub) [14] ❙

vorbereitungen vor dem fest

und ihr
werdet wartende
werdet menschen mit gesicht

werdet wartenden menschen gleich
werdet willigen empfänglichen versöhnlichen

werdet schutzsuchenden werdet gelösten werdet menschen gleich
werdet menschen gleich die sich auf das fest freuen
denn der tag kommt bald

❚ *Und seid gleich den Menschen, die auf ihren Herrn warten, wann er aufbrechen wird von der Hochzeit, auf dass, wenn er kommt und anklopft, sie ihm sogleich auftun.* (Lk 12,36) ❚ «Der Himmel, der ist, ist nicht der Himmel, der kommt, wenn einst Himmel und Erde vergehen. Himmel, der kommt, das ist der kommende Herr, wenn die Herren der Erde gegangen. Der Himmel, der kommt, das ist die Welt ohne Leid, wo Gewalttat und Elend besiegt wird. Himmel, der kommt, das ist die fröhliche Stadt, und der Gott mit dem Antlitz des Menschen. Himmel, der kommt, grüsst schon die Erde, die ist, wenn die Liebe das Leben verändert.» (Kurt Marti, † 2017) [2] ❚ Warum beten? Wegen der Dankbarkeit «welche Gott von uns fordert, und weil Gott seine Gnade und heiligen Geist allein denen geben will, die ihn mit herzlichem Seufzen ohne Unterlass darum bitten und ihm dafür danken.» (Heidelberger Katechismus) ❚ «Das Unservater hat einen eschatologischen Ton.» (Kyrill von Jerusalem † 386) [1] ❚

KOMMEN

der himmel kommt herab

was mir zugefallen ist ohne mein dazutun
dieser zufall aus dem himmel
das ist die gottesbeziehung
das ist lebenssinn und ziel
das ist die gemeinschaft
deinen namen
deinen willen
dein reich
meine ich
gut
so

❙ «Darum beten wir nicht so: Lieber Vater, lass uns kommen zu deinem Reich, als sollten wir danach laufen, sondern: «*Dein Reich komme* zu uns.» Denn Gottes Gnaden und sein Reich, mit allen Tugenden, muss zu uns kommen, sollen wir es bekommen, wir mögen nie zu ihm kommen; gleichwie Christus zu uns vom Himmel auf die Erde gekommen ist, und nicht wir von der Erde zu ihm in den Himmel gestiegen sind.» (Martin Luther: Deutsche Auslegung des Vaterunsers für die einfältigen Laien.) ❙ «Die Verbindung von Reich und Kindschaft, von *Unser Vater* und *Dein Reich komme* ist das eigentlich Christliche. Jesus als Gottes Sohn ist der ältere Bruder der Christen [...]. Gegenüber dem König der Welt sind sie nicht Untertanen, sondern Kinder. Untertanen müssten Angst haben, Kinder dürfen um alles bitten. Untertanen konnte man verkaufen [...], Kinder begleitet man mit Sorgen durch das ganze Leben.» (Klaus Berger: Das Vaterunser – Mit Herz und Verstand beten) [15] ❙

GESCHEHEN

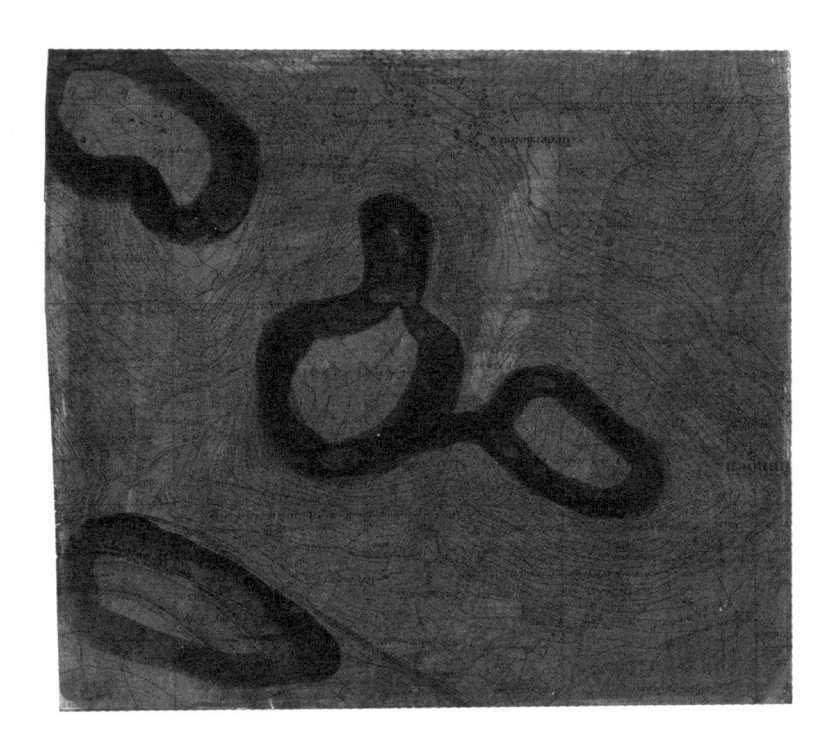

Teilchen treiben
Tusche auf Landkarte, 2012
13 × 15 cm

GESCHEHEN

vergewisserung am tagesanfang

ich vertraue auf den heutigen sinn
zähle auf dein ziel

ich vertraue auf deinen schutz
kenne deinen namen

ich glaube an deine vergebung
traue deiner zukunft

ich hoffe auf die brotvermehrung
und setze auf dein wirken

▎ Die dritte Bitte des Unservaters lautet: *Dein Wille geschehe wie im Himmel so auf Erden.* (Mt 6,10; diese Bitte ist in der lukanischen Version nicht enthalten) ▎ Die Basisbibel übersetzt: *Dein Wille soll geschehen. Wie er im Himmel geschieht, so soll er auch auf der Erde Wirklichkeit werden.* ▎ Auf Lateinisch: *Fiat voluntas tua. Fiat – es geschehe –* ist auch das, was Maria sagt, als ihr ein Engel die Geburt des Kindes ankündigt. (cf. Lk 1,38). ▎ «Alle Gebete der Heiligen Schrift sind im Vaterunser zusammengefasst. Sie werden in seine unermessliche Weite aufgenommen.» (Dietrich Bonhoeffer) ▎ Die ersten drei Bitten des Unservaters sind die «Dein-Bitten»: *Dein Name .., Dein Reich ..., Dein Wille ...* ▎ Auf Griechisch, also dem Original des Unservater reimen sich die drei Bitten: *onoma **sou**, basileia **sou**, thelema **sou**.* ▎ Ab der vierten Bitte sind es «Unser-Bitten»: <u>Unser</u> *Brot, vergib* <u>unsre</u> *Schuld ...,* <u>unsern</u> *Schuldigern, führe* <u>uns</u>*, erlöse* <u>uns</u> *...* ▎ «Wer das Unservater betet, dem wird der ganze Reichtum Gottes gegeben.» (Chrysostomos † 407) [1] ▎

GESCHEHEN

dein wesen werde

dein wesen werde geheiligt
dein wesen komme
dein wesen geschehe

wie im himmel so auf erden

stärke unser wesen
versöhne unser wesen
befreie unser wesen

▌«Heiliger Gott, wo immer du bist, geschieht dein Wille. Überall in der Welt, die vor unseren Augen liegt, ist alles voll deines Willens und voll von Geschehnissen, die du bestimmst. In deiner unsichtbaren Welt, die uns verborgen ist, geschieht er durch das Heer deiner heiligen Diener und durch alle geheimen Kräfte. Wir brauchen nicht zu bitten. Er geschieht. Wo aber wir Menschen sind, geschieht er nur, wenn wir deinem Willen Raum geben. Wohin *unsere* Hände reichen, wohin *unsere* Gedanken dringen, wohin *unser* Wille strebt, ist Gefahr, dass dein Wille *nicht* geschieht. Hilf mir, deinen Willen anzunehmen. Forme meinen Willen um, nach dem Bilde deines Willens.» (Jörg Zink, † 2016) ▌ Dom Hélder Câmara († 1999): «Was tut es, dass die Pläne eher Wunschbilder bleiben als Wirklichkeit werden? Wer weiss besser als Du, dass der Erfolg nicht von uns abhängt, und dass Du von uns nur ein Höchstmass an Hingabe und gutem Willen verlangst?» [16] ▌

resilientes unservater

du
löschest den durst
stillst die sehnsucht
stärkst den willen
reichst mir das brot

du schaffst frieden
erhellst die nacht
entwirrst die gedanken
entlastest das herz
und machst es weit

❙ «Dieu nous veut heureux». Frère Roger Schutz († 2005) hat so eines seiner ersten Bücher genannt, das die Entwürfe für die Lebensregel der Communauté de Taizé enthält: «Gott will uns glücklich.» ❙ Dass es uns gut geht, das ist der Wille Gottes für uns Menschen, das ist sein Plan, sein Ziel, sein Sinn. Gott räumt die schweren Zeiten nicht weg. Jesus betet in Gethsemane diese Unservater-Bitte zweimal: *Zum zweiten Mal ging er wieder hin, betete und sprach: Mein Vater, ist's nicht möglich, dass dieser Kelch vorübergehe, ohne dass ich ihn trinke, so geschehe dein Wille.* (Mt 26,39.42) Die Antwort des Vaters auf die Bitte Jesu besteht in der Kraft, zu bestehen und nicht aufzugeben. Auf uns Heutige übertragen: Gott schenkt Resilienz, damit wir nicht zerbrechen, sondern formbar bleiben. ❙ Das Unservater ist also (übrigens genauso wie der Psalter) ein Resilienz-stärkendes Mittel. ❙ «Gott ist mein Stab, mein Licht, mein Pfad, mein Ziel, mein Spiel / Mein Vater, Bruder, Kind und alles, was ich will.» (Angelus Silesius) [8] ❙

GESCHEHEN

luzolo luaku

deine liebe geschehe

deine zukunft geschehe
und dein wille

deine stärkung geschehe
deine vergebung geschehe

deine bewahrung
und dein heil

❚ «Luzolo» heisst auf Kikongo (eine der Sprachen Angolas) «Liebe» und «Wille». Der gemeinsame Nenner ist wohl so etwas wie «Verlangen», um einen Begriff zu brauchen, der beides umfasst. Im Unservater auf Kikongo steht in der dritten Bitte: *Luzolo lwaku luavangama: Dein Wille / Liebe geschehe / werde gemacht.* ❚ Teresa von Ávila († 1582) schreibt in ihrem Buch über das Unservater: «Er ist ein grosser Freund davon, uns die Mühe zu ersparen; auch wenn wir es in einer Stunde nur ein einziges Mal aufsagen, ist er doch kein Freund davon, dass wir uns den Kopf zermartern, da wir ja verstehen, dass wir bei ihm weilen und was wir erbitten und wie gern er es uns gibt wie eben ein Vater – und wie liebend gern er bei uns weilt, und wir es uns bei ihm gut gehen lassen dürfen.» [13] ❚
«Wer ohne Liebe lauft, kommt nicht ins Himmelreich / Er springt bald hin bald her / ist einem Irrwisch gleich.» (Angelus Silesius) [8] ❚ «Dein Wille geschehe: Gott will es – Und ich will es!» (Katharina von Siena † 1380) [17] ❚

GESCHEHEN

meine liebe würde geschehen

ich würde dich anschauen
ich würde auf dich warten
ich würde dich instand stellen

ich würde dich ernähren
ich würde dich entspannen
und dich befreien

wenn du mich danach fragtest

▍«Die dritte Bitte des Unservater fordert keine resignative, fremdbestimmte Fügung unter eine göttliche Willensautorität. Gott will uns seinen Willen nicht aufzwingen. Kennzeichnend für den Willen Gottes ist vielmehr, dass wir davon befreit sind, seinen Willen tun zu müssen. Wir dürfen ihn tun – und zwar gemeinsam.» [2] ▍«Wer die Einigkeit und Kraft des Herzens hätte, könnte das Gebet des ganzen Lebens mit der Bitte bestreiten: Herr, steh auf in mir! Sie würde alles in Ordnung bringen: die Normen, die Werte, die Aufgaben. Zu einem Gebet von solcher Macht sind wir aber nicht im Stande; so wir Gott denn bitten nach unseren kleinen Kräften. Bitten wir Ihn, Er wolle uns die Herzenshaltung schenken, die aus der Kenntnis seines Namens kommt: die Furcht Gottes. Nicht die Furcht vor Ihm, die ist Krankheit, sondern das Berührtsein von Seiner Heiligkeit.» (Guardini) [3] ▍«Überall, wo die Liebe Eingang findet, verwandelt sie unser Leben in Brennstoff.» (Madeleine Delbrêl) ▍

kosmisches geschehen im advent

blickt auf
        denn eure erlösung naht
gebt acht
        denn der friede naht
atmet durch
        denn der nachschub kommt

schaut auf
        denn meine zukunft ist da

hebt euren kopf
        denn meine gegenwart naht
seht nur
        das grosse licht scheint auf
merkt ihr
        mein wille geschieht
                      trotz allem

▎ *Wenn aber dieses anfängt zu geschehen, dann seht auf und erhebt eure Häupter, weil sich eure Erlösung naht.* (Lk 21,28) ▎ «Das Matthäus-Evangelium lehrt uns also nicht nur das Bittgebet des Unservater. Es zeigt auch, dass wir – wenn wir nicht mehr in der Lage sind, durch den Mund Jesu zu Gott, dem Vater, zu beten: «*Dein Wille geschehe*» – durch den Mund Jesu klagen dürfen. Hier scheint verborgen ein Stück Evangelium, ein Moment christlicher Freiheit auf: Wir dürfen wirklich beten, wie es uns zuinnerst zumute ist. Aus theologischer Distanz geurteilt, ist die Klage vielleicht die tiefste Gebetsform. Nicht nur weil sie so ehrlich zu Gott redet, sondern weil in keiner anderen Weise des Betens Gott so vermisst, so ersehnt und in der Welt beansprucht wird, wie in ihr. Die Klage hofft auf Gott – wider Gott.» [2] ▎ «Gott will uns beim Geschehen seines Willens dabei haben. Und die Form des Dabeiseins ist die Bitte.» [2] ▎ Das Unservater ist «die Grundlage für die Zukunft». (Gregor von Nyssa) [1] ▎

GESCHEHEN

die ruhe gottes macht alles ruhig

du schenkst ruhe vater im himmel
dein heiliger name macht ruhig
dein reich kommt und dein wille beruhigt

dass du uns brot fürs leben jeden tag
dass du vergebung und führung
dass du befreiung und erlösung gibst

das bringt ruhe ins spiel frieden
stetigkeit im reisen auf erden
das macht barmherzig auf dem weg

zaubert vertrauen bis ins ziel
denn dein ist das reich des friedens
die ruhige kraft und die sanfte herrlichkeit

▌Bernard de Clairvaux († 1153): «Die Ruhe Gottes macht alles ruhig. Und wer sich in Gottes Ruhe hinablässt, ruht.» ▌Dorothee Sölle († 2003): «wenn ich ganz still bin / kann ich von meinem bett aus / das meer rauschen hören / es genügt aber nicht ganz still zu sein / ich muss auch meine gedanken vom land abziehen / es genügt nicht die gedanken vom festland abzuziehen / ich muss auch das atmen dem meer anpassen / weil ich beim einatmen weniger höre / es genügt nicht den atem dem meer anzupassen / ich muss auch händen und füssen die ungeduld nehmen» ▌Martin Luther: «Gottes guter, gnädiger Wille geschieht auch ohne unser Gebet; aber wir bitten in diesem Gebet, dass er auch bei uns geschehe.» ▌Teresa von Ávila: «Du mein Herr, welch grosse Wonne ist es für mich, dass du die Erfüllung deines Willens nicht einem so erbärmlichen Wollen wie meinem überlassen hast! Sei für immer gepriesen.» [13] ▌Das Unservater ist das Geniessen der Gegenwart Gottes. (Nach Gregor von Nyssa) [1] ▌

GESCHEHEN

wer liebt ist unschlagbar

wer liebt wird kind
wer liebt kommt an
wer liebt wird wirklich
wer liebt wird kräftig

wer liebt hat genug
wer liebt ist vergeben
wer liebt ist sicher
wer liebt ist gelöst

▌ *Ihr Lieben, wir wollen einander lieben. Denn die Liebe kommt von Gott. Und wer liebt, hat Gott zum Vater und kennt ihn. Wer nicht liebt, kennt Gott nicht. Denn Gott ist Liebe. So ist Gottes Liebe bei uns sichtbar geworden: Gott sandte seinen einzigen Sohn in die Welt, damit wir durch ihn das Leben bekommen. Die Liebe besteht nicht darin, dass wir Gott geliebt haben, sondern dass er uns geliebt hat.* (1. Joh 4,7–10, Basisbibel) ▌ «Denn in diesem Gebet wird nicht ein majestätisch-distanzierter Gott angebetet, sondern der Vater angerufen. Die Anrede Gottes mit «Vater» ist Ausdruck von kindlichem Vertrauen und besonderer Nähe Gottes. So beginnt das Unservater «mit einem Stück Heilszusage»: Der Gott, den ich anrufe, ist mir bereits nahe, er ist gegenwärtig und mit mir, wenn ich zu ihm bete. Er ist der Vater, mehr noch: «*unser Vater*», der weiss, *wessen wir bedürfen, ehe wir ihn bitten*. (Mt 6,8) [2] ▌ «Gebete verändern die Welt nicht. Aber Gebete verändern die Menschen. Und die Menschen verändern die Welt.» (Albert Schweitzer)] ▌

GESCHEHEN

jaworte

heute   (und es gibt jetzt gerade nur das heute)
sage ich

ja zur erlösungsbedürftigkeit
ja zur schutzbedürftigkeit
ja zur versöhnung durch das kreuz
ja zur abhängigkeit von gottes vorsehung

ja zur hingabe
ja zum warten
ja zum kindsein
ja zur taufe

❙ Augustin macht eine originelle Verbindung zwischen dem Unservater und der Taufe. In die Vaterbeziehung eintauchen: das ist das, was sowohl in der Taufe, aber auch im Unservater geschieht. Das Unservater ist wie eine kleine Taufe. So wie wir in der grossen Taufe in die Realität des himmlischen Vaters eintauchen, haben wir die Möglichkeit, dieses Geheimnis im Kleinen zu erleben. Er sagt sogar, das Unservater sei ein Sakrament (sichtbares Zeichen für eine unsichtbare Wirklichkeit Gottes). [1] Das Unservater als kleine Taufe: Das ist wie ein Waschgang, damit wir wieder sauber werden und in transparenten («lauteren») Beziehungen leben können. ❙ «Dieser Vatername enthält die Ur-Herrlichkeit des Schöpfers und Urbildes; die Macht dessen, ... ‹der da ist› und die unerschöpfliche Güte des Herrn der Gnade. Alles das strömt in die Grösse und Innigkeit des Vaternamens ein.» (Guardini) [3] ❙ Das Unservater trägt den Himmel in unser gewöhnliches Leben hinein. (nach Cyprianus) [1] ❙

GEBEN

Geben oder nehmen?
Öl auf Papier, 2019
14 × 12 cm

unservater als angebot und nachfrage

        soll ich dir einen neuen namen geben?
ja dein name werde geheiligt
        soll ich dir die sehnsucht stillen?
ja dein reich komme
        soll ich dich erfinden?
ja dein wille geschehe

        hast du hunger nach mir?
ja gib uns das tägliche brot
        soll ich dir ruhe verschaffen?
ja vergib uns unsre schuld wie auch wie vergeben
        soll ich dir den weg der freiheit zeigen?
ja erlöse uns vom bösen

❙ *Unser tägliches Brot gib uns heute.* Mt 6,10 ❙ *Geben* ist das vierte Verb im Unservater. ❙ Es ist Gott, der gibt. Er gibt uns das Leben als seine Gabe; ja, er gibt sich selber als Geschenk. ❙ «Mit der Bitte um unser tägliches Brot überschreiten wir im Verlauf des Unservater eine Schwelle. Denn der Inhalt der ersten drei Bitten betraf Gott selbst: seinen Namen, sein Reich und seinen Willen. Die vierte hingegen bezieht sich ebenso wie die nachfolgenden Bitten auf unsere Bedürfnisse, auf unsere menschliche Angewiesenheit auf Nahrung, Vergebung, auf Schutz vor der Versuchung und vor dem Bösen. Eine solche Zweiteilung – der erste Teil ist Gott, der zweite dem Menschen gewidmet – findet sich auch in anderen Grundtexten der Bibel und des christlichen Glaubens, so in den Zehn Geboten und dem Doppelgebot der Liebe (Gottesliebe und Nächstenliebe).» [2] ❙ Glaube, Hoffnung, Liebe und das Unservater nähren die Gottesbeziehung. (Nach Augustin) [1] ❙

meine speise ist es

seinen willen zu tun
sein reich zu erwarten
sein gesicht zu sehen

versöhnung zu leben
frieden zu jagen
und für die freiheit zu kämpfen

▋ *Jesus spricht zu ihnen: Meine Speise ist die, dass ich tue den Willen dessen, der mich gesandt hat, und vollende sein Werk.* (Joh 4,34). ▋ Die Vaterbeziehung ist für Jesus Nahrung, genauso wie sie Antrieb und Ausrichtung auf seinen Willen ist. ▋ Zwar enthält das Johannes-Evangelium kein Unservater, doch werden die sieben Bitten (Themen) vielfach angesprochen und meditiert. ▋ Jesus gibt uns ein Beispiel, wie wir in einer nährenden Gottesbeziehung leben können. ▋ Was er als Sohn des himmlischen Vaters tun kann, das sind wir auch fähig zu tun. Was das heisst, zeigt Jesus in seinem Leben. ▋ *Meide das Böse und tu das Gute. Suche Frieden und jage ihm nach* (Ps 34,15): Jesus ist in einer Friedensmission unterwegs, und nimmt uns mit. ▋ «Die Sorge Gottes um die Welt soll ja gerade zur Sorge der Jünger werden, und die Sorge der Jünger um ihre Existenz ist längst getragen von der Sorge Gottes um seine Schöpfung.» (Lohfink) [18:87] ▋ Im Unservater ist das Brot des Lebens zu finden. (Chromatius † 407) [1] ▋

alleskönner

beten können
warten können
lieben können

empfangen können
loslassen können
freiwerden können

das ist alles

❙ «Denn ich sauge noch heutigen Tags an dem Paternoster wie ein Kind, trinke und esse an ihm wie ein alter Mensch, kann daran nicht satt werden. Es ist mir auch über den Psalter, den ich doch sehr liebhabe, das allerbeste Gebet.» (Aus Martin Luther: Eine einfältige Weise zu beten, für einen guten Freund) ❙ «Herr Jesus, / nicht ich, sondern Du / nicht ich allein, sondern ich in Dir / nicht einfach Du, sondern Du in mir, / ich in Deinen Verheissungen / und Du in meinen Gedanken / ich in Deinem Willen / und Du in meinen Taten / ich in Deiner Gnade / und Du in meinen Händen / Ich in Deiner neuen Welt / und Du in meinem Alltag / Nicht ich, sondern Du / Nicht ich allein, sondern ich in Dir / Nicht einfach Du, sondern Du in mir / Amen.» (Anton Rotzetter) ❙ Indem wir um Brot bitten, sind wir Bedürftige, die sich beschenken lassen können. ❙ Beim Bitten um das tägliche Brot anerkennen wir unsere tägliche Armut [1] ❙ *Alles vermag ich durch den, der mich stark macht, Christus.* (Paulus, in Phil 4,13) ❙

hesychastisches unservater

ich sitze in deinem namen
ich sitze in deinem reich
ich sitze in deinem willen

in deinem all

dazu werde ich noch bedient
bekomme brot und vergebung
erhalte schutz und erlösung

und das alles beim sitzen

in deinem all

❙ Die Amma Theodora, eine Wüstenmutter (zitiert in den «Weisungen der Wüstenväter» Apophtegmata Patrum) sagt: «Es ist gut, die Herzensruhe zu pflegen.» Die Hesychia (ἡσυχία) bedeutet «Ruhe» oder «Stille» und kommt etymologisch vom Verb hēsthai (ἧσθαι «sitzen»; siehe Barbara Müller «Von der Kraft der Seele und der Spannkraft des Körpers nach den ägyptischen Wüstenmönchen»). [19] ❙ Theodora und viele andere entdecken in der Zeit der Alten Kirche jene Spiritualität, die das stille Gebet, das Meditieren und Wiederholen weniger Worte sowie das Sitzen vor Gott ins Zentrum rückt. Sie wird später in der mittelalterlichen Ostkirche Hesychasmus (altgriechisch ἡσυχασμός) genannt. ❙ Heute wird sie auch als Inneres Gebet, Jesusgebet oder (nach Peter Dyckhoff) Ruhegebet bezeichnet [20]. ❙ «Abba, lieber Vater» ist eine der vielen Möglichkeiten, ein solches Ruhegebet zu gestalten. ❙ Beim Unservater-Beten geschieht Adoption und innige Beziehung zu Gott. (nach Cassianus) [1] ❙

beschluss nicht zu zweifeln

ich beschliesse
weder an seinem namen noch an seinem reich
noch an seinem willen zu zweifeln

und auch nicht am täglichen brot
weder an der vergebung noch an der erlösung
das alles beschliesse ich heute – im fall

❙ Die vierte Bitte im Unservater, die Bitte um das tägliche Brot, lässt daran denken, dass wir unterwegs sind, und viele Wüstengegenden durchwandern müssen. Auf seinem Aufbruch aus der Sklaverei und seinem Weg in die Freiheit, hatte das Volk Israel schwer zu kämpfen. Hunger und Durst liessen es zweifeln und hadern. Gott schickte täglich Manna, «Brot vom Himmel», und half so den Menschen zu überleben. ❙ Die Brotbitte ist die einzige, die ein Adjektiv enthält: «epiusios» (ἐπιούσιος). Es wird auf Deutsch mit «täglich» wiedergegeben, erscheint aber nur an dieser Stelle in der Bibel (das ist ein «hapax legomenon», ein «einmal-gesagtes»). Andere Übersetzungen: notwendig, übernatürlich, morgig, unvergleichlich [4, 15, 21, 22]. Auf einem Einkaufszettel aus der Antike, den man in der ägyptischen Wüste gefunden hat, steht unter anderem, was besorgt werden sollte: «arton epiusion», frisches Brot. (Eugene Peterson) ❙ «Wenn Gott dich nicht erhören wollte, würde er dich nicht beten heissen.» (Martin Luther) ❙

GEBEN

alles ist gabe

bleib auf empfang
bleib ruhig und versöhnt
bleib frei und unbeschwert

bleib dabei

bleib auf dem weg
bleib zukunftsgewandt
bleib in der nähe

Im Johannes-Evangelium ist das Bleiben ein Schlüsselwort. Menein (μένειν) kommt hier vierzigmal vor und meint das Bleiben in Gott, oder genauer: in der Unservater-Wirklichkeit. Die Vorsehung, so schreibt Guardini zur vierten Bitte, «ist überhaupt nicht fertig da, sondern ‹wird›; erzeugt sich immer neu vom Herzen des Vaters her dem Menschen zu, der sich der Verheissung öffnet. Der Mensch soll also mit Gott in ein Einvernehmen treten. Die Richtung seines Geistes und Gemütes soll mit dem heiligen Willen eins werden. Dann entsteht ein neuer Zusammenhang, eine aus Gottes Gnade und des Menschen Freiheit hervorgehende Ordnung des Daseins.» [2] «Vor Gott ist der Mensch bedingungslos angenommen, in allem, was ihn ausmacht, und deswegen ist er zum ‹Bejahen des Bejahtseins› aufgerufen.» [2] «Wer weiss, vielleicht ist das Vaterunser nicht nur ein kostbares Geschenk, sondern auch eine sinnreiche Antwort auf etwas, das wir noch nicht kennen.» (Elazar Benyoëtz) [23]

GEBEN

ich stelle mich

ich stelle mich unter deinen namen
ich stelle mich hinein in dein reich
ich stelle mich unter deinen willen

ich stehe im grossen schöpfungsgeheimnis

ich stehe unter dem kreuz
ich stehe unter deinem schutz
ich mache einen schritt in die freiheit

❚ «Mens nostra concordet voci nostrae. Unser Geist soll im Einklang sein mit unserer Stimme.» Die überraschende Weisung steht in der Benediktregel. Wir gehen normalerweise davon aus, dass zuerst der Inhalt und dann erst die Form kommt. Der Architekt Frank Lloyd Wright hatte als Maxime: «Form follows function». Im Gebet scheint es umgekehrt zu sein: Function follows form. Zuerst ist da die Form (z. B. das Psalmensingen), und dann erst kommt das Herz, das sich in eine Form einfindet. Beim Beten des Unservater kann uns das eine Hilfe sein: Wir stellen uns hinein in die Form, die Jesus vorgeschlagen hat, und erfahren daraufhin den Inhalt, die Wirklichkeit Gottes. Dabei bleibt es unsere Entscheidung «einzusteigen». ❚ «Das Unservater ist eine Hilfe zum Beten und will dem Menschen, der es nachspricht, helfen, die liebende Nähe des Vaters zu entdecken. Es will Gebet ermöglichen.» [9] ❚ Gott «wird des Gebens nicht müde; er hat Lust und Freude am Geben und kann ohne Geben nicht sein». (Huldrych Zwingli) [2] ❚

GEBEN

wer könnte bestehen

ohne gegenüber ohne namen
ohne gemeinschaft ohne bezug
ohne willen ohne zukunft
ohne brot ohne versorgung
ohne vergebung ohne behandlung
ohne bewahrung ohne schutz
ohne erlösung ohne freiheit

herr wer könnte bestehen

niemand
behaupte ich

❙ Aus Psalm 130: *Aus der Tiefe rufe ich, Herr, zu dir: Herr, höre meine Stimme! Wende dein Ohr mir zu, achte auf mein lautes Flehen! Würdest du, Herr, unsere Sünden beachten, Herr, wer könnte bestehen? Doch bei dir ist Vergebung, damit man in Ehrfurcht dir dient.* ❙ Wer ein Unservater betet, hat seine Autarkie- und Autonomiegedanken verabschiedet, und muss zugeben, dass sein Wohl abhängig ist von anderen, genauer von dem Anderen, dem Vater im Himmel. ❙ «Wenn wir sagen: *Unser tägliches Brot* – meinen wir alles, was wir brauchen, um in Frieden zu leben. Brot ist Friede. Frieden im Schutz deiner Macht erbitten wir, Frieden in deiner sorgsamen Hand. Essen können, statt zu hungern, ist Frieden. Trinken können, statt zu dürsten, warm haben, statt zu frieren, ist Frieden. Schutz finden in einem Haus, arbeiten können und seine Kraft einsetzen dürfen, das alles ist Friede, ist tägliches Brot.» (Jörg Zink) ❙ «Geselle dich zu deinem Gebet / das wäre das Abenteuer deines Lebens.» (Elazar Benyoëtz) [23] ❙

GEBEN

gib gib gib leben leben leben

gib namen
gib reich
gib willen

gib brot
gib heil
gib frei

wir brauchen so viel
von alledem
wie kinder halt eben

wie junge vögelchen
mit aufgesperrten schnäbeln
gib gib gib leben leben leben

❙ «Dementsprechend haben auch die Reformatoren das Brot des Unservater bereits in einem weiteren Sinne verstanden: als alles, was notwendig und förderlich ist. Alles, was wir in den Augen Gottes brauchen, damit wir so unser Brot in Frieden essen können, sagt Johannes Calvin im Genfer Katechismus (1545).» [2] ❙ Kindlichkeit ist erlaubt – die Väterlichkeit Gottes, der gibt, versorgt und verschenkt, ist der Grund dafür. ❙ *Nephesch* – das hebräische Wort bedeutet «Seele» und «Schlund». Es zeigt an, dass wir bedürftige Wesen sind, deren Schlund gefüllt werden muss. Eberhardt Rieth (Psychiater und Therapeut) hat hierfür den Ausdruck «des Menschen Schlundigkeit» geprägt. ❙ *Sie alle warten auf dich, dass du ihnen Speise gibst zur rechten Zeit. Gibst du ihnen, dann sammeln sie ein; öffnest du deine Hand, werden sie satt an Gutem. Nimmst du ihnen den Atem, so schwinden sie hin und kehren zurück zum Staub der Erde. Sendest du deinen Geist aus, so werden sie alle erschaffen und du erneuerst das Antlitz der Erde. (Aus Ps 104)* ❙

VERGEBEN

eingreifen
Tusche, Öl auf Papier, 2018
13 × 12 cm

ohne dich

ohne dich weiss ich nicht wer ich bin
ohne dich habe ich keine gesicherte identität
ohne dich bin ich gemeinschaftsunfähig
ohne dich habe ich keine zukunftsperspektiven

ohne dich bin ich konstant unter druck
ohne dich hadere ich mit dem schicksal
ohne dich verzehre ich mich in chronischer *saudade*
ohne dich bin ich mit hunger und durst beschäftigt

ohne dich nistet sich dauerhafte bitterkeit ein
ohne dich kann ich das erlittene nicht entlassen
ohne dich regrediere ich und habe rückfälle
ohne dich gerate ich unvermeidlich in die defensive

ohne dich bleibe ich gefangen und *incurvatus in me*
ohne dich lebe ich in ständiger enge
ohne dich würde mir das herz nicht weit
und die liebe bliebe weiterhin unmöglich

❙ Die fünfte Unservater-Bitte lautet (in der oekumenischen Fassung): *Und vergib uns unsere Schuld, wie auch wir vergeben unseren Schuldigern.* Bei Matthäus (6,12) heisst es *unsere Schulden* (Plural); bei Lukas (11,4) steht *Sünden.* ❙ «Du bist schuld! – Der Satz lässt uns zusammenzucken und nichts Gutes erahnen. Vorwurfsvoll werden wir auf unser fehlerhaftes Verhalten – zumindest aus der Sicht der anderen – hingewiesen. Das trifft ziemlich genau die ursprüngliche Bedeutung des antiken Schuldbegriffs. *Hamartanein* meint in den Homerischen Epen ‹das Ziel (mit dem Speer) verfehlen› oder übertragen ‹die rechten Worte verfehlen› und ‹etwas vergessen›.» [2] ❙ Im Beten den Schuldschein vernichten: «Für die, die in die fünfte Vaterunserbitte einstimmen, wird – in genauer Umkehrung der Ausgangssituation – nun das Nicht-Vergeben zur unmöglichen Möglichkeit.» (Magdalene L. Frettlöh) [2] ❙ «Ein Asyl für jeden Kummer ist das Gebet.» (Chrysostomos, † 407) [1] ❙

wie sollen wir bitten

bittet
    um seinen namen
    um sein reich
    um seinen willen

bittet
    um sein brot
    um seine vergebung
    um seine erlösung

bittet so
    wenn ihr mich schon danach fragt

❙ Im Lukas-Evangelium (Lk 11,1–4) fragen die Jünger, wie sie beten sollen, nachdem sie gesehen haben, dass Jesus lange an einem Ort für sich allein gebetet hat: *Lehre uns beten.* Darauf spricht ihnen Jesus das Unservater vor. Es ist kürzer als in der Version von Matthäus. Auf die Bitte der Jünger hin schenkt ihnen Jesus dieses knappe und handliche Gebet. Im Matthäus-Evangelium dagegen ist das Unservater an zentraler Stelle in eine umfassende Einführung in die Spiritualität (die Bergpredigt, cf. Mt 5–7) eingebaut, wo es nicht nur um das neue Beten, sondern um einen neuen Lebensstil geht. ❙ «*Vater, vergib uns unsere Schuld, wie wir denen vergeben, die an uns schuldig geworden sind.* Nein, Vater, das kann nicht das Mass sein! Vater, ich will vergeben. So, dass ich zum anderen hingehe, dorthin, wo er steht, jenseits seiner Schuld. Ich will mein Recht aufgeben und neu mit ihm anfangen.» (Jörg Zink) ❙ «Die Menschen belasten dich? Trag sie nicht auf den Schultern. Schliess sie in dein Herz.» (Hélder Câmara) ❙

zum glück

    vater dein name werde geheiligt
zum glück muss ich mir nicht einen namen machen
    dein reich komme
zum glück muss ich nicht ein kleiner könig sein
    dein wille geschehe
zum glück muss ich mich nicht selber erfinden
    unser tägliches brot gib uns heute
zum glück muss ich nicht auf reserven bedacht sein
    vergib uns unsre schuld wie auch wir vergeben
zum glück muss ich nicht abrechnen
    führ uns nicht in versuchung sondern erlöse uns
zum glück befreist du uns vom zwang

«Bleiben wir bei dem Gleichnis (vom unbarmherzigen Knecht, cf. Mt 18,23ff) und fragen: Was hat denn Gott uns anvertraut, geliehen, das wir ihm unverletzt zurückerstatten müssten? Lassen wir uns die Antwort nahekommen: Sie ist ebenso einfach wie umfassend: Wir schulden Gott die Welt.» (Guardini) [3] «Wie auch wir vergeben / den Umweltsündern, / dank Deiner unendlichen Liebe. / Wir bitten in Deinem heiligen / Namen, / dass sie für immer / jede Schädigung / Deiner Schöpfung aufgeben, / die das gemeinsame Haus / der Menschheit ist. / So sei es. Amen!» (Gebet aus Guatemala) «Verzeih dem Bruder, und wenn du es um des Bruders willen nicht tun magst, so tue es wenigstens um deiner selbst willen, damit du erhört wirst, wenn du betest und ein angenehmes dem Herrn darbringst.» (Aus der «Syrischen Didaskalie», einer der ältesten Quellen des orientalischen Kirchenrechts, 3. Jh.) [15] Das Unservater ist Gebet, Gebetsschule und Einführung in die Spiritualität in einem. [1]

ich muss es hören

sprich zu meiner seele: ich bin das heil in deinem unheil
sprich zu meiner seele: ich bin die zeit in deiner unzeit
sprich zu meiner seele: ich bin der wille in deinem unwillen

sprich zu meiner seele: ich bin die stärke in deiner schwäche
sprich zu meiner seele: ich bin der friede in deinem unfrieden
sprich zu meiner seele: ich bin die freiheit in deiner unfreiheit

---

❚ In Ps 35 leuchtet vor einem dunklen und feindlichen Hintergrund ein Vers hell auf: *Sprich zu meiner Seele: ich bin dein Heil.* (v 4) Die betende Person weiss um Exponiertheit und Gefährdung. In ihrer Verunsicherung braucht sie Vergewisserung. Sie will hören, was sie ja eigentlich schon weiss. Sie möchte es zugesprochen bekommen, und zwar von Gott persönlich. ❚ «Und nun ist unser Leben – das eines jeden von uns – in einen neuen Anfang hineingenommen. Wir leben aus Gottes Vergebung. Lassen wir den Gedanken tief in uns ein. Was Christus getan und gewirkt hat, war keine blosse Ausbesserung unseres Daseins, sondern darin hat Gott um das Ganze herumgegriffen und es in einen neuen Anfang gestellt.» (Guardini) [3] ❚ «Ein ganzes Leben lang bleiben wir uns ein ganzes Leben schuldig.» (Elazar Benyoëtz) ❚ «Das Gebet hat Gott selbst zum Lehrmeister.» (Johannes Climacus † 649) ❚ «Das Gebet ist nur eins; aber es vermag alles.» (Theodoret von Cyrus † 460) ❚

die grosse gegenrede

    wir sagen ja unser vater
wir sagen nicht schicksal
    wir sagen ja dein name
wir sagen nicht anonym
    wir sagen ja dein reich
wir sagen nicht grossmacht
    wir sagen ja dein wille
wir sagen nicht zwang

    wir sagen ja dein brot
wir sagen nicht saturiert
    wir sagen ja deine vergebung
wir sagen nicht heimzahlen
    wir sagen ja deine erlösung
wir sagen nicht klebenbleiben
    wir sagen ja amen
wir sagen nicht hauruck

❙ Evagrius Ponticus († 399) hat ein Buch mit dem Titel «Die grosse Widerrede: Antirrhetikos» geschrieben [24]. Darin sammelt er Bibelstellen, die als Gegenangriffswaffen gegen destruktive Gedanken verwendet werden können. Die Idee ist bestechend: Wenn dich z. B. der Einredeschwall der Konsumgier überfällt, dann lass dich nicht einnehmen, lass dir den Kopf nicht vollschwatzen, sondern stell dich ihm mit einer Widerrede entgegen. Heutige Therapeuten würden eine solche Technik sicher befürworten, denn eine solche erlaubt es, den «lead» zu haben, um nicht passiv eine Widrigkeit zu erleiden. Das Unservater ist eine solche Gegenrede, z. B. gegen die Ideologie des Heimzahlens und Abrechnens. Ihr kann die Vergebung entgegengestellt werden. ❙ «Vergebung ist die Liebe, wo sie auf die Schuld trifft.» (Romano Guardini) [3] ❙ *Und wenn ihr steht und betet, so vergebt, wenn ihr etwas gegen jemanden habt, damit auch euer Vater im Himmel euch vergebe eure Übertretungen.* (Mk 11,25) ❙

VERGEBEN

ich lasse dich leben

ich habe dich erlöst
ich habe dir vergeben
ich habe dich erhalten

ich habe dich so geschaffen
ich habe dir andere zur seite gestellt
ich habe dir ehrfurcht vermittelt

ich habe meinen namen aufscheinen
und dir mein angesicht leuchten lassen
und dich bei deinem namen gerufen

❙ *Und nun spricht der Herr, der dich geschaffen hat, Jakob, und dich gemacht hat, Israel: Fürchte dich nicht, denn ich habe dich erlöst; ich habe dich bei deinem Namen gerufen; du bist mein!* (Jes 43,1) ❙ Die prophetische Verheissung enthält Zusprüche, die denen des Unservater nicht unähnlich sind. Sie erinnern geradezu an Segenssprüche. ❙ «Wir sollen Gott so lieben, dass wir nichts anderes zu viel lieben. Und wir sollen Gott so fürchten, dass wir vor nichts anderem zu viel Angst haben.» (Klaus Berger) ❙ «Manche Menschen überspringen diese Einschränkung *wie auch wir vergeben*. Das sind Toren.» (Meister Eckhart) ❙ «Betaste das Wort von allen Seiten, / dann halt es in die Sonne / und leg es an dein Ohr wie eine Muschel. / Steck es für einen Tag / wie einen Schlüssel in die Tasche, / wie einen Schlüssel zu dir selbst. / Fang heute an! / Vielleicht damit: / Es geschehe dein Wille, wie im Himmel / so auf der Erde!» (Paul Roth) ❙ Das Unservater ist Gebet zu einem Vater, nicht zu einem Richter. (Chrysologus von Ravenna) [1] ❙

VERGEBEN

begründete seligpreisungen

selig sind die vergebenen
    denn sie machen keine schulden
selig sind die erlösten
    denn sie werden vom zwang des bösen befreit

selig sind die leuchtenden
    denn der vatername scheint auf sie
selig sind die wartenden
    denn das himmelreich kommt bald

selig sind die gewollten
    denn der wille des vaters geschieht mit ihnen
selig sind die hungrigen
    denn sie erhalten täglich frisches brot

❙ Augustinus hat zahlreiche Kommentare zum Unservater verfasst, da dieses zum Grundlagenunterricht vor der Taufe gehörte. Seine Zuordnung der Bitten zu den Seligpreisungen und zu Jesaja 11 ist originell. (siehe Roy Hammerling [1]) ❙

Die Unservater-Bitten	Selig sind ... (Mt 5,3–10)	Geistesgaben (Jes 11,2f)
Dein Name ...	*die Armen, denn ...*	*Geist der Gottesfurcht* (timor Dei)
Dein Reich komme ...	*die Gewaltlosen, denn ...*	*Geist der Frömmigkeit* (pietas)
Dein Wille geschehe ...	*die Trauernden, denn ...*	*Geist des Wissens* (scientia)
Unser tägliches Brot ...	*die Hungernden, denn ...*	*Geist der Stärke* (fortitudo)
Vergib uns ...	*die Barmherzigen, denn ...*	*Geist des Rates* (consilium)
Führe uns nicht in Versuchung ...	*die reinen Herzens sind, denn ...*	*Geist des Verstandes* (intellectus)
Erlöse uns ...	*die Friedfertigen, denn ...*	*Geist der Weisheit* (sapientia)

VERGEBEN

wie wenn

wie wenn ich adoptiert und angenommen wie wenn
das reich schon gekommen wie wenn sein wille
geschehen wie wenn frisches brot vorhanden wie
wenn vergebung die normale währung wie wenn
erlösung ein für allemal geschehen wäre wäre wäre
wäre wäre wäre so lebe ich heute in den tag hinein
amen

❙ «Der gegenwärtige Kosmos ist konjunktivisch. Er ist, als wäre er. Oder auch: als er sei. ... Jetzt ist alles anders, als es ist. ... Als es sei. Als die Dinge behaupten. Als die Vorstellung behauptet. ... Ein betörender Sound, von dem man nicht loskommt: Fortan sollen die, die traurig sind, sein, als wären sie nicht traurig. Und die Weinenden, als würden sie nicht weinen.» Christian Lehnert (in: Korinthische Brocken – Ein Essay über Paulus) [11] ❙ Romano Guardini: «Entsprechendes gilt für alle menschlichen Verhältnisse. Keines von ihnen gedeiht, wenn nicht die Bereitschaft da ist, den Anderen der sein zu lassen, der er ist; die Schwierigkeiten, die aus seinem Wesen kommen, immer neu durch den Geist der Vergebung zu überwinden und so zum Kern dessen vorzudringen, was die betreffende Beziehung bedeutet.» [3] ❙ «Das Unservater bringt Heil für jedes Alter und jedes Geschlecht.» (nach Radbertus † 865) [1] ❙

VERGEBEN

wenn du nicht mehr weiterweisst

dann sag einfach vater im himmel
dann sag dein name – da ist energie drin für dein sein als kind
dann sag dein reich – da ist umgang in der unumgänglichkeit
dann sag dein wille – da ist idee wenn du nicht weisst was nun
dann sag unser brot – wenn der morgen kommt und das licht steigt
dann sag und vergib – wenn du nicht klarkommst mit den wunden
dann sag führe uns – wenn der rückfall auf dich fällt
dann sag denn dein – und so weiter in ewigkeit amen

❘ «In ihrer Zeitfolge kehren die Unser-Bitten [Unser tägliches Brot gib uns, vergib uns, führe uns, erlöse uns] nicht die speziellen Nöte eines unterdrückten Volkes oder eines leidgeprüften Einzelschicksals hervor, sondern die Urnöte des Menschseins kommen zur Sprache. Die Gegenwart mit ihrem Mangel und Überfluss, die dunklen Schatten der Vergangenheit, die in Zwist und nicht endender Vergeltung weiterleben, die Versuchung, in der die Zukunft ihr erpresserisches oder verführerisches Gesicht zeigt, sie alle fesseln das Menschsein und bringen es an den Rand des Verderbens. Umgekehrt liegen Wohl und Gedeihen in dem, was die drei Unser-Bitten erflehen.» (Neugebauer) [4] ❘ «Viel kannst du nicht mitnehmen auf den Weg / Und viel geht unterwegs verloren. / Lass es fahren. / Gold der Liebe, / Weihrauch der Sehnsucht, / Myrrhe der Schmerzen / Hast du ja bei dir. / Er wird es annehmen.» (Karl Rahner) ❘ «Das Unservater ist der Geber aller guten Gaben.» (Tertullianus) [1] ❘

FÜHREN

führen
Öl auf Geschenkpapier, 2019
15 × 11 cm

FÜHREN

gebet um führung

unser vater (*unaussprechliches*) werde dein name (*seufzen*) komme (*unaussprechliches*) wille (*seufzen*) unser tägliches (*unaussprechliches*) gib uns heute (*seufzen*) schuld (*unaussprechliches*) vergeben (*seufzen*) führe uns (*seufzen*) in versuchung sondern erlöse (*unaussprechliches*) denn dein ist das reich (*seufzen*) die kraft (*unaussprechliches*) herrlichkeit in (*seufzen*) amen

---

❚ Die sechste (und bei Lukas letzte) Bitte lautet: *Und führe uns nicht in Versuchung.* (Mt 6,11; Lk 11,4) ❚ Das griechische Verb, das mit *führen* wiedergegeben ist, heisst «eisferein» (εἰϛφέρειν) und bedeutet hineintragen, sowie auch bringen, leiten, geleiten. ❚ «Birg deinen Versuch [zu beten] in den Satz von Römer 8: *Der Geist hilft unserer Schwachheit auf. Denn wir wissen nicht, wie wir beten sollen, wie sichs gebührt; sondern der Geist tritt für uns ein mit unaussprechlichem Seufzen.* Wir bezeugen uns nicht selber. Der Geist gibt Zeugnis unserem Geist. Wir sind besetzt von einer Stimme, die mehr Sprache hat als wir selber, oder um es mit einem Satz aus dem letzten Vortrag von Dorothee Sölle zu sagen: ‹Wir beginnen den Weg zum Glück nicht als Suchende, sondern als schon Gefundene›. Das ist die köstliche Formulierung dessen, was wir Gnade nennen.» (Aus: Fulbert Steffensky: 12 Regeln des Gebetes) ❚ Sedulius (5. Jh.) schreibt in einem Gedicht: «Das Unservater ist wie der Schutz der drei Männer im Feuerofen.» (Dan 3) ❚

FÜHREN

wo bist du vater wo

wo bist du vater
wo ist die liebe geblieben
wo die freude
wo die begeisterung an deinem tun

wo ist das brot
wo der friede
wo die freiheit
und wo dein geist

wo vater im himmel wo

❚ Das Buch Hiob ist der existentielle Schrei in der grossen Not der Gottesferne. Der Name Hiob bedeutet: Wo bist du, Vater? Jesus antwortet auf diese Frage, indem er uns das Unservater schenkt und auf den Vater hinweist. ❚ Das Unservater beten heisst Gott um seinen Beistand, um seine Bewahrung und seinen Schutz vor Anfechtung, Verzweiflung, Zweifeln und Rückfällen (wie zum Beispiel auf der Wüstenwanderung des Gottesvolkes ins gelobte Land) bitten. ❚ Luisa Famos (1930–1974, rätoromanische Dichterin) schreibt in «D'ingionder ch'eu vegn» (Poesias/Gedichte): «Woher ich komme / wohin ich gehe / wer kann es mir sagen / Ob ich bin / ob ich war / ob ich sein werde / wer kann es mir sagen / Trage mich Wind / auf deinem Flügel / wirf mich Fluss / aufs Ufer». ❚ «Führe mich, o Herr, und leite / meinen Gang nach deinem Wort; / sei und bleibe du auch heute / mein Beschützer und mein Hort. / Nirgends als bei dir allein kann ich recht bewahret sein.» Liedstrophe von Heinrich Albert († 1651) [25] ❚

FÜHREN

vergiss dich nicht

vergiss nicht – du gehörst zu mir
vergiss nicht – dich zu freuen
vergiss nicht – ich habe dich gewollt
vergiss nicht – du bekommst was du brauchst
vergiss nicht – frieden liegt bereit
vergiss nicht – du bist frei

❙ Vergessen kann eine Versuchung sein. In Ps 103,1–4 spricht sich die betende Person selber gut zu und möchte die Wohltaten Gottes nicht vergessen: *Lobe den Herrn, meine Seele, und alles in mir seinen heiligen Namen! Lobe den Herrn, meine Seele, und vergiss nicht, was er dir Gutes getan hat: der dir all deine Schuld vergibt und all deine Gebrechen heilt, der dein Leben vor dem Untergang rettet und dich mit Huld und Erbarmen krönt.* ❙ Ps 103 wird wegen seiner Botschaft der Barmherzigkeit und vergebenden Liebe Gottes auch «Jesu Lieblingspsalm» genannt. ❙ Ps 103 zeigt auch, weshalb das Unservater als Zusammenfassung des ganzen Psalmenbuchs gilt. [26] ❙ «Jedes liturgische Fest sagt: Erinnere dich» (Kommunität von Reuilly: Leben aus der Freude an Gott – Eine christliche Lebensregel) [27]. Und: «Werde lebendig und bleibe lebendig. Der Geist Gottes erschafft dich jeden Tag neu. Weise die Versuchung zurück, dich lähmen zu lassen durch die Dinge, die du verstanden hast.» [27] ❙

FÜHREN

wir beten nicht ins leere

nicht ins namenlose
nicht ins einsame
nicht ins amorphe
nicht ins mechanische

nicht ins verschlingende
nicht ins zahn-um-zahn
nicht ins bindungslose
nicht ins gnadenlose

❙ Die Versuchungsbitte ist die einzige Bitte im Unservater, die eine Negation («nicht») enthält. Das macht sie speziell und schwierig. Wir beten, dass wir nicht in eine Zone der Gefährdung geraten. «Das Unservater verwandelt unsere dunkle nächtliche Existenz in einen Tag», sagt Cyprian († 258) in einem der ältesten Unservater-Kommentare. [1] ❙ Wir sollen bewahrt bleiben vom Destruktiven. ❙ *Lass uns nicht in Versuchung geraten.* Das entspricht der neuen Version des Notre Père in den katholischen und reformierten Kirchen der Schweiz und Frankreichs: *Ne nous laisse pas entrer en tentation.* ❙ «Sei gelobt, mein Gott, der du mich befreit hast von den Götzen, dass ich nur dich anbete und keineswegs Isis oder Osiris, oder die Gerechtigkeit oder den Fortschritt oder die Wahrheit oder das Göttliche oder die Humanität oder die Naturgesetze oder die Kunst oder die Schönheit.» (Paul Claudel, 1868–1955) ❙ Das Unservater ist ein Kompass. (Tertullianus) [1] ❙

entnervtes unservater

vater im himmel

glänze endlich
komm endlich
geschehe endlich

gib endlich
vergib endlich
befreie endlich

sei endlich
wie im himmel
so auf erden

unser vater

❚ Das Unservater ist ein dringlicher Ruf, ähnlich dem lauten Schreien von ungeduldigen oder verängstigten Kindern nach ihren Eltern. ❚ Auch der Psalter ist voller Gebete von grosser Dringlichkeit, wie z. B.: *Herr, wende dich uns doch endlich zu! Hab Mitleid mit deinen Knechten!* (Ps 90,13) ❚ *Eile, Gott, mich zu erretten, Herr, mir zu helfen*: Ps 70,2 ist der Klassiker unter den drängenden Kurzgebeten. Mit ihm beginnt praktisch jedes Stundengebet. Augustin berichtet in einem Brief: «Man sagt, die Brüder in Ägypten (also Wüstenväter) hätten gewisse, häufig wiederholte Gebete, die jedoch äusserst kurz sind und schnell wie Speere geschleudert werden ...». Von diesen Speerstoss-artigen Gebeten (auf sie gehen unsere Stossgebete zurück) spricht Evagrius Ponticus und empfiehlt: «Zur Zeit derartiger Versuchungen bediene dich eines kurzen intensiven Gebets.» [28] ❚ Also: Das Unservater ist nicht zuletzt auch ein Stossgebet. ❚ Das Unservater ist ein flexibler und resilienter Text. (nach Origenes † 253) [1] ❚

FÜHREN

querbeet

bei

identitätsgesabber
systemverblödung
selbstoptimierung
konsumorientiertheit
verarbeitungsstrategien
zwangsneurosen

mach dich auf den weg des unservaters

vom ich zum du
vom es zum wir
vom un zum sinn
vom nehmen zum erhalten
vom geben zum vergeben
vom kleben zum lösen

ein unservater hilft garantiert

❚ Die Versuchung «entsteht, wenn nicht Gottes, sondern aller möglichen Götzen Namen geheiligt werden und wenn nicht Gottes, sondern das eigene Reich kommen soll. Es geschieht auch, wenn das tägliche Brot nicht empfangen, sondern gestohlen und wenn Schuld nicht vergeben, sondern aufgetürmt wird.» (Söding) [22] 17 ❚ **«Reisse mich weg, Herr** / von allen falschen Zentren. / Vor allem schütze mich davor, / in mir selbst / das eigene Zentrum zu errichten / Wie sollten wir nicht / ein für allemal verstehen, / dass wir ausserhalb Deiner / jeder und alle / ex-zentrisch sind.» (Hélder Câmara † 1999) ❚ «Gott versucht zwar niemand; aber wir bitten in diesem Gebet, dass uns Gott behüte und erhalte, damit uns der Teufel, die Welt und unser Fleisch nicht betrüge und verführe ...; und wenn wir damit angefochten würden, dass wir doch endlich gewinnen und den Sieg behalten.» (Martin Luther) ❚ Das Unservater «bittet, dass Gottes Hand uns aus der Zone des Bösen ins Licht hochhebt». (Juvencus) [1] ❚

bewahre mich vor jenen

lass mich nicht ins offene messer laufen
jener gnadenlosen
führe mich nicht in versuchung
jener bessermacher besserwisser
jener beweiser bezeiger bezeuger
jener vorweiser vorzeiger
jener ständigvergleicher
jener überflügler spitzenbesteiger
jener bedränger einflüsterer
jener definierer jener egoentfalter
jener anfechter und bedränger

führe mich nicht in versuchung
mich ihnen anzuschliessen

führe mich nicht in die rückfälle
jener überkommenen muster und raster
erlöse mich von ihren eingebungen

denn dein ist der name und das reich und das schöpfungsgeheimnis

---

▍ *Herr, wie zahlreich sind meine Bedränger; so viele stehen gegen mich auf.* (Ps 3,2) ▍ Menschen, die in der Defensive sind, können sich wehren. Das tun die Psalmbeterinnen und -beter, auch wenn nicht immer klar ist, wer die Feinde sind, ob sie von aussen oder von innen bedrängen. [29] ▍ Evagrius Ponticus nennt ihr Geschwätz «Einreden». In der Wüstenväterzeit klassifizierte man diese «logismoi». Es gibt acht (man sollte sie nicht – moralisch – als Laster bezeichnen; es handelt sich eher um pathologische und krank machende Einflüsse). Eigentlich handelt es sich bei allen um Ängste: «Ich komme körperlich zu kurz»: Ess-, Sex-, Habsucht. «Ich komme seelisch zu kurz»: Traurigkeit, Zorn, Akedia (Überdruss, Widerwillen). «Ich komme geistig zu kurz»: Eitelkeit, Stolz. ▍ Gebete können Widerstand (Widerreden, sagt Evagrius Ponticus) bieten. Die Psalmen und das Unservater sind voll davon. ▍ Das Unservater «vertreibt Krankheit und Wahnsinn». (Chrysostomos) [1] ▍

zuspruch komm zuspruch

zusprecher komm herab
komm zu uns komm zu mir
ich brauche grosse mengen
                              zuspruch

komm und bleibe bei mir
mit deinem namen deinem
gesicht dein wesen gibt mir
                              zuspruch

bleibe tröste mich mit
deiner gemeinschaft dem
himmlischen reich das ist
                              zuspruch

komm sprich mir zu mit
deinem sinn deiner zukunft
deinem plan dein wille ist
                              zuspruch

bleibe stärke mich mit
deinem brot dieser kraft
von oben von dir das ist
                              zuspruch

❙ *Mein Geist soll unter euch bleiben.* (Haggai 2,5) ❙ Jesus verspricht den Seinen einen Beistand, einen Tröster, den Heiligen Geist, der hilft, im Leben zu bestehen (s. z. B. Joh 14,16f. 26; 16,7–10.13–15). ❙ Das Unservater bietet und ist selber ein Zuspruch. Ja, mehr noch: der Heilige Geist, der in uns zum himmlischen Vater beten hilft, ist gewissermassen der personifizierte Zuspruch Gottes. ❙ Gertrud von Helfta († 1303) betet: «Heiliger Geist, du Göttlicher Tröster, durch ihn, der durch deine Vermittlung Mensch geworden ist, danke ich dir, dass du mir Unwürdigen in allem so liebreich mit deinen so lebenwirkenden Segnungen zuvorgekommen bist. Ich bin überzeugt, dass keine andere Güte es vollbracht hätte als allein deine unaussprechliche Liebe, in der alles Gute verborgen ist. So übergebe ich mich von nun an deiner göttlichen Güte und überlasse mich ihr in höchstem Vertrauen.» [30] ❙ Das Unservater auswendig zu lernen hat eine verändernde Kraft. (Augustin) [1] ❙

komprimiertes gebet

zeig wer du bist
bring alles in ordnung
halt uns am leben

behalte die übersicht
zeig wie man vergibt
mach uns sicher

verscheuche das böse

❚ Eugene Peterson (1932–2018) schlägt in seinen Betrachtungen zu den Geschichten und Gebeten im Lukas-Evangelium folgende Kurzversion des Unservater vor: «**Lord's Prayer Compressed** / Father, / Reveal who you are. / Set the world right. / Keep us alive with three square meals. / Keep us forgiven with you and forgiving others. / Keep us save from ourselves and the Devil». (The Word Made Flesh – The Language of Jesus in His Stories and Prayers) [31] ❚ «Der Rückfall in das Gottesbild menschlicher Projektionen, zumindest in die Schieflage zwischen einem einerseits liebenden und andererseits strafrichtenden Gott, der Rückfall in die Leistungsfrömmigkeit und «Werkgerechtigkeit», in pharisäische Überheblichkeit, in ängstliche Gottesfurcht und knechtische Verdemütigung – das war und ist bis heute die Versuchung des Christen und seiner Gemeinschaft, der Kirche.» (Reinhard Körner) [32] ❚ Das Unservater ist Entlassung für Gefangene. (nach Gregor von Nyssa) [1] ❚

ERLÖSEN

auflösen
Tusche, Öl auf Papier, 2019
11 × 11 cm

ERLÖSEN

letzten endes

kommt dein name zum leuchten
dein reich zur geltung
dein wille zum geschehen

lässt du regnen über gerechte und ungerechte

letzten endes gibst du und vergibst du
bewahrst du und erlöst du
letztlich vater im himmel

❙ Die siebte Bitte des Unservater lautet: *sondern erlöse uns von dem Bösen.* (Mt 6,13) ❙ Oft wird sie gar nicht als siebte Bitte gezählt, sondern in den Satz der sechsten genommen, da sie ja schliesslich mit *sondern* ansetzt, also eine Weiterführung eines Gedankens (Gebetes) darstellt. ❙ *Erlösen:* Das Verb umfasst ein grosses Feld von Bedeutungen, und alle bereichern das Meditieren dieser einen Bitte des Unservater. Ryomai (ῥύομαι) heisst: *erlösen,* loslösen, retten, heilen, befreien, herausreissen. ❙ Die ökumenische Fassung des Unservater lässt offen, ob es sich um den *Bösen* oder das *Böse* handelt. *Erlöse uns vom Übel:* auch das ist eine mögliche und lange gebräuchliche Übersetzung. ❙ Wenn der Böse der Teufel ist, dann ist das Unservater ein exorzistisches und ein eschatologisches (endzeitliches) Gebet. ❙ Wir sehnen uns nach der Zeit, da alles Böse dem Gott der Liebe in Vater, Sohn und heiligem Geist weichen muss. ❙ Das Unservater ist «Antidot gegen das Gift der Gottlosigkeit». (Augustin) [1] ❙

entgegnetes unservater

heute wenn mich der tag widert
sage ich gegen das dagegen aus

erwidere nein das identitätsgejammer ist
nicht heilig nein die systemprioriät ist

nicht gekommen nein das machtgehabe ist
nicht geschehen nein die selbsthilfe-

stragegien greifen nicht nein die verdräng-
mechanismen sind nicht mehr haltbar

nein das regredieren hat keine zukunft
nein das konservieren erträgt kein leben

❚ «Es komme, Herr, dein Reich, und befreie du uns von dem Bösen, denn dieses ist dein Wille. Er möge uns schützen vor den Versuchungen des Gewaltsamen und gebe uns, dass wir nach deinem Willen leben, und dass du uns unsere Sünden und Vergehen vergibst und uns gewährst, dass auch wir unseren Schuldnern vergeben und gerettet werden aus den Nachstellungen des Feindes. Denn du bist der König der Könige.» (Gregorios Abulfaraq † 1286 im Iran, Gelehrter der Syrisch-Orthodoxen Kirche) [15] ❚ «Was ‹Übel› ist, wie vielfältig seine Formen und wie gross seine Not, weiss jeder, und er lernt es umso gründlicher, je weiter sein Leben voranschreitet. Immer genauer erfährt er, wie viel Krankheit und Schmerzen es gibt; wie zahllos die Sorgen und Bedrängnisse des Lebens sind, des eigenen und derer, die er liebt; wie gross die Angst in der Unsicherheit des Daseins werden kann.» (Romano Guardini) [3] ❚ «Beten heisst, die Gegenwart Gottes erleben.» (François de Sales † 1622) ❚

ERLÖSEN

die türe finden

vater
ich möchte
den eingang ins land der ruhe finden

oder die silben des einen namens
oder das tor ins reich des friedens
oder den einschlupf ins land des willens

die brosamen im land der ruhe
die entlastung in der gegend der stille
oder einfach die unendliche weite

vater
es ist eine ruhe
vorhanden für uns

und ein eingang

▌ Teresa von Avila († 1582) äussert sich über das Unservater so: «Ich muss staunen, wie in so wenigen Worten die ganze Kontemplation und alle Vollkommenheit inbegriffen ist, sodass es scheint, wir bedürften keines andren Buches und brauchten nur dieses Gebet zu studieren.» [13] ▌ «Wenn du beten willst, brauchst du nichts als Gott allein. Von ihm allein kommt auch das Gebet des Menschen, der betet. Rufe ihn deswegen an, indem du sagst: *Geheiligt werde Dein Name, Dein Reich komme,* d. h. Gottes Geist und einziger Sohn. Lehrt uns doch unser Herr: Der Vater wird im Geist und in der Wahrheit angebetet.» (Evagrius Ponticus) ▌ *Es ist also noch eine Ruhe vorhanden für das Volk Gottes. Bemühen wir uns also, in jene Ruhe einzugehen.* (Hebr 4,9.11) ▌ «Das Gebet macht uns zu Freunden Gottes.» Thomas von Aquin († 1274) ▌ «Das Unservater befähigt die Geliebten Gottes, in die Welt hinauszugehen, die Gnade zu finden und sicher in Gottes Reich anzukommen.» (nach Chromatius) [1] ▌

ERLÖSEN

merkzettel der tätigen liebe

was der liebe dient:
    sich des vaters zu vergewissern
    kindsein kindwerden
was der liebe dient:
    auf das himmelreich warten
    steine tragen aufs baugerüst
was der liebe dient:
    die nachfolge antreten
    gutes tun (denn gott ist gott)
was der liebe dient:
    nahrung finden
    nahrung verschenken
was der liebe dient:
    vergebung annehmen
    vergebung gewähren
was der liebe dient:
    bewahren beschützen
    lösen befreien

❙ Jesus sagt: *Wenn doch auch du erkenntest an diesem Tag, was zum Frieden dient!* (Lk 19,42) ❙ Das Unservater zeigt seinerseits, was dem Frieden dient. ❙ «Wir wolln uns gerne wagen, / in unsern Tagen der Ruhe abzusagen, / die's Tun vergisst. / Wir wolln nach Arbeit fragen, / wo welche ist, / nicht an dem Amt verzagen, / uns fröhlich plagen/ und unsre Steine tragen aufs Baugerüst. / Die Liebe wird uns leiten, / den Weg bereiten / und mit den Augen deuten / auf mancherlei, / ob's etwa Zeit zu streiten, ob's Rasttag sei.» Nikolaus Ludwig Zinzendorf († 1736) ❙ «Gutes tun, denn Gott ist Gott»: Das ist die Handlungsmaxime im Grossen Welttheater von Calderón de la Barca († 1681) ❙ «Walk cheerfully over the world, answering that of God in everyone.» George Fox († 1691). Wandle fröhlich über die Erde und antworte dem von Gott in jedem Menschen. [33] ❙ «Was ist Gebet? / Des Glaubens Flügel, / Der Liebe Spiegel, / Der Tugend Siegel, / Der Hoffnung Saat / In Gott gesät: / Das ist Gebet.» (Franz Schubert † 1828) ❙

ERLÖSEN

apotropäisches unservater

schütze mich vor dem bösen
vater im himmel
behalt mich in deiner nähe

löse mich vom gott des klebens
bewahre mich vom gott der falle
rette mich vom gott des grolles
entferne mich vom gott der kalten gier
lass den gott des selberwillens nicht heran
lass den gott der kleinen könige nicht kommen
erspare mir den gott ohne gesicht

erlöse mich sonst bleibe ich angekettet
erlöse mich von den koketten möglichkeiten
erlöse mich vom langfristigen hadern
erlöse mich vom hunger nach ersatz
erlöse mich vom willenwollen durchstossen
erlöse mich vom rigiden ordnungssystem
erlöse mich vom namenlosen ungesicht

▍«Wirkliche Vergebung kann nur aus der Wahrheit kommen. Aber sie muss stärker sein als die Wahrheit – sagen wir besser: stärker als die Wirklichkeit. Sie muss aus dem Geist der Liebe heraus über die sich verfehlende Wirklichkeit Herr werden, wie Gott über unsere Sünde Herr geworden ist. Er hat den Menschen, der Ihm die Schöpfung verstört hat, in seiner ganzen schlimmen Wirklichkeit erkannt; aber Er hat ihn neu in seine Liebe aufgenommen und das Reich der Erlösung heraufgeführt – so sollen auch wir die uns anvertraute Schöpfung, nämlich den Menschen, mit dem wir zu tun haben, immer neu durch die Vergebung in die Liebe aufnehmen.» (Romano Guardini) [3] ▍ «Mystik ist Widerstand.» (Dorothee Sölle) [33] ▍ «Meine Stärke und mein Versagen bist du / mein Erbe und meine Armut / mein Krieg und mein Friede / Richter meiner armen Tränen / Ursache meiner Hoffnung.» (Pedro Casaldáliga) ▍ Hilfe nicht annehmen: Das ist die grosse Versuchung. (nach Kyrill von Alexandrien) [1] ▍

ERLÖSEN

ich wohne im namen

vater ich wohne in deinem namen
bleibe in deinem reich
ruhe in deinem willen

vater ich ruhe in deiner kraft
bleibe auf kurs
bin in der versöhnung zu hause

wohne in deiner freiheit
denn bei dir ist erlösung in fülle
ich bleibe dabei

▮ «Du hast mich geträumt, Gott, / wie ich den aufrechten Gang übe / und niederknien lerne / schöner als ich jetzt bin / glücklicher als ich mich traue / freier als bei uns erlaubt. / Hör nicht auf mich zu träumen, Gott, / ich will nicht aufhören, mich zu erinnern / dass ich dein Baum bin, / gepflanzt an den Wasserbächen des Lebens.» (Dorothee Sölle, † 2003) ▮ «Werde in dir selbst ein Haus des Friedens, ein Ruhepol, Gott zugewandt. Begib dich in die Schule des Schweigens, das tief und wahr ist, keine Stummheit, sondern Übergang zum Hören und zur Gemeinschaft.» [34] ▮ «Gott ist gegenwärtig, lasset uns anbeten und in Ehrfurcht vor ihn treten. Gott ist in der Mitte. Alles in uns schweige und sich innigst vor ihm beuge. Wer ihn kennt, wer ihn nennt, schlag die Augen nieder; gebt das Herz ihm wieder.» (Gerhard Tersteegen, † 1729, aus dem Evangelisch-reformierten Kirchengesangbuch der Schweiz) [35] ▮ Beim Unservater-Beten geschieht Annahme und Adoption. (Cassianus) [1] ▮

ERLÖSEN

unservater im rückblick

danke vater
da war licht
da war vorfreude
da war ein gangbarer weg

ja danke
da war nachschub
da war menschenfreundlichkeit
da war weites land

▎*Erlöse uns von dem Bösen.* «So inständig bitten kann man nur, wenn man schon im Kraftfeld der Erlösung steht, wo man nicht mehr ohne sie leben kann und will. Hier sind alle Lebenslügen entlarvt, die Verletzlichkeit total, der Schmerz zugelassen, hier geht es ums Ganze der Existenz. Hier geht es um die Nachfolge Jesu. Nicht von ungefähr mündet dieser urtümliche Schrei, diese letzte aller menschlichen Unservater-Bitten, später auch in die Verherrlichung Gottes: *Denn Dein ist das Reich und die Kraft und die Herrlichkeit in Ewigkeit, Amen.*» [2] ▎«Christliche Freiheit ist Freiheit in und aufgrund der Gottesbeziehung, sie lebt schon im Guten, sie steht nicht vor der Entscheidung, auch noch das Böse wählen zu können.» [2] ▎«Das Beten verheisst dem Menschen keine Erlösung, offenbart ihm aber seine Erlösbarkeit.» (Elazar Benyoëtz: Scheinhellig – Aphorismen) [23] ▎ Das Unservater macht Sklaven und Sklavinnen zu Söhnen und Töchtern. (Cassianus) [1] ▎

ERLÖSEN

wer in der liebe bleibt bleibt

bleibt in gott
bleibt in seinem namen
bleibt in seinem reich

bleibt in seinem willen
bleibt in seiner kraft
bleibt in seiner vergebung

bleibt in seiner erlösung
bleibt in seiner herrlichkeit
bleibt darinnen

❙ *Wer in der Liebe bleibt, der bleibt in Gott und Gott in ihm.* (1.Joh 4,16) ❙ «**Bleiben** / Nur was bleibt, / ist Gott ähnlich. / Nur was freiwillig bleibt, / ist die Ehre Gottes.» (Kommunität von Reuilly) [34] ❙ «Seitdem habe ich mir als einzige Übung die Verpflichtung auferlegt, es [das Unservater] jeden Morgen ein Mal mit unbedingter Aufmerksamkeit zu sprechen. Wenn meine Aufmerksamkeit unter dem Sprechen abirrt oder einschläft, und sei es auch nur im allergeringsten Grade, so fange ich wieder von vorne an, bis ich einmal eine völlig reine Aufmerksamkeit erreicht habe. Die Kraft dieser Übung ist ausserordentlich und überrascht mich jedes Mal, denn, obgleich ich sie jeden Tag erfahre, übertrifft sie jedes Mal meine Erwartung. Mitunter ist während dieses Sprechens oder zu anderen Augenblicken Christus in Person anwesend.» (Simone Weil † 1943) [36] ❙ Durch das Unservater wird Ärger überwunden, Stolz niedergetrampelt, Demut gestärkt und Frieden gefestigt. (Cassianus) [1] ❙

tu es mon horizon

du bist der horizont meines lebens
dein weiter name dein weites reich
dein weiter willen

du führtest mich hinaus ins weite
du rissest mich heraus
aus dem hunger aus dem fehlen

aus den fallen aus den zwängen
du stellst meine füsse auf weiten raum
nun kann ich stehen und sicher auftreten

❙ *Tu es mon horizon*: Ps 16,8 (in der Übersetzung von P. Calame & F. Lalou) ❙ *Er führte mich hinaus ins Weite, er riss mich heraus; denn er hatte Lust zu mir* (Ps 18,20) ❙ *Du stellst meine Füsse auf weiten Raum.* (Ps 31,9) ❙ «Himmlischer Vater, du hast uns zur Freiheit berufen, das heisst: Du hast uns in die Freiheit hineingerufen, die du selbst bist. Denn wir sind geliebte Königskinder und Wunschkinder jenseits aller Ängste. Ich bin Christ, weil unser Glaube die Auferstehung kennt, den Sieg über den Tod. Da du uns vom Bösen befreist, gilt diese Freiheit und gilt dein Reich auch gegenüber dem Tod. Ich habe lange das gesucht, was stärker ist als der schier allmächtige Tod. Im Vaterunser darf ich um diese einzig für mich wichtige, letzte Freiheit bitten. Weil du so der Gott der Freiheit bist, kannst du auch alle Blockaden aufheben, die der Versöhnung entgegenstehen, wo immer sie ersehnt wird.» (Klaus Berger) [15] ❙ Die alten Christen gossen das Unservater in jeden Aspekt ihres Lebens. (Hammerling) [1] ❙

SEIN

Im Körper drin
Collage, Tusche, Papier 2019
16 × 16 cm

zeitformen I

unservater im partizipium praesens

du bist der heiligende
du bist der kommende
du bist der wollende

du bist der gebende
du bist der vergebende
du bist der führende

du bist der erlösende
du bist der seiende
in ewigkeit amen

❙ *Denn dein ist das Reich und die Kraft und die Herrlichkeit in Ewigkeit. Amen* ❙ So lautet der Schluss des Unservater. Nach den sieben Bitten erklingt eine «Doxologie», eine Verehrung der Gegenwart Gottes; sie sagt, was ist (Sein ist das achte Verbum im Unservater). ❙ Doxa (δόξα) heisst Ehre, Ruhm, Herrlichkeit. ❙ Schon sehr früh hat die Kirche das Unservater in die Liturgie aufgenommen und den Bitten einen alttestamentlichen Lobpreis angefügt, der dem in 1. Chronik 29 ähnlich ist: ❙ *Dein, Herr, ist die Majestät und Gewalt, Herrlichkeit, Sieg und Hoheit. Denn alles, was im Himmel und auf Erden ist, das ist dein. Dein, Herr, ist das Reich, und du bist erhöht zum Haupt über alles. Reichtum und Ehre kommt von dir, du herrschst über alles. In deiner Hand steht Kraft und Macht, in deiner Hand steht es, jedermann gross und stark zu machen. Nun, unser Gott, wir danken dir und rühmen deinen herrlichen Namen.* ❙ Das Unservater ist fester Bestandteil jeden Glaubenslebens. (Hieronymus) [1] ❙

zeitformen II

unservater im perfekt

heute ist dein name geheiligt worden
heute ist dein reich gekommen
heute ist dein wille im himmel geschehen

heute ist dein wille auf erden geschehen
heute hast du uns das tägliche brot geschenkt
heute hast du uns schuld vergeben

heute haben wir unseren schuldnern vergeben
heute hast du uns nicht in versuchung geführt
heute hast du uns von dem bösen erlöst

denn dein war heute
reich kraft und herrlichkeit
von anfang bis ende

❙ In der Didache («Lehre der Apostel», jener frühchristlichen Schrift aus dem 1. Jh.) wird eine Unservater-Version zitiert, die mit einer Doxologie endet: *Denn dein ist die Kraft und die Ehre in Ewigkeit.* [5] ❙ Anklänge an eine Doxologie und gleichzeitig an die letzte Unservater-Bitte sind zudem auch am Ende des 2. Timotheus-Briefes (4,18) zu hören: *Der Herr aber wird mich erlösen von allem Übel und mich retten in sein himmlisches Reich. Ihm sei Ehre von Ewigkeit zu Ewigkeit! Amen.* ❙ Da das Unservater in den zwei Evangelien ähnlich abrupt endet – Matthäus: *Führe uns nicht in Versuchung;* Lukas: *Erlöse uns von dem Bösen* – hatten die frühen Christen das Bedürfnis (genau wie wir heute), das Unservater abzurunden, und in einem Ton der Dankbarkeit und Hingebung zu schliessen. ❙ «Wir sind, weil er sich uns zuwendet. Seine Zuwendung und Seine Präsenz sind Grund unseres Daseins und unserer Präsenz. So ist Er *unser Vater* im Himmel: Gottes-Präsenz im Grund unseres Daseins.» (Werbick) [37] ❙

zeitformen III

unservater im futurum exactum

morgen wird dein name geheiligt worden sein
morgen wird dein reich gekommen sein
morgen wird dein wille geschehen sein

morgen wirst du uns unser tägliches brot gegeben
und unsere schulden vergeben haben
wie auch wir unseren schuldigern vergeben haben werden

auch morgen wirst du uns nicht in versuchung geführt
sondern uns vom bösen erlöst haben denn dein
wird das reich und die kraft und die herrlichkeit

sein in ewigkeit amen

▌ *Heilig, heilig, heilig ist Gott der Herr, der Allmächtige, der da war und der da ist und der da kommt.* ▌ In der Offenbarung (4,8) singen die vier geheimnisvollen Lebewesen und mit ihnen der ganze Himmel diese Doxologie. ▌ Die drei Zeiträume Gegenwart, Vergangenheit und Zukunft werden umfasst vom Allherscher («pantokrator»), von ihm, *der war und der ist und der kommt*. ▌ Das Futurum exactum ist eine eigentümliche Zeitform, eigentlich «ausgeführte Zukunft» (zum Beispiel: Präsens = «ich gehe»; Futurum exactum = «ich werde gegangen sein»). ▌ Die Propheten des AT sprechen nicht selten im Futurum exactum (in der Theologie «perfectivum propheticum» genannt). ▌ In Analogie dazu könnte man sagen: Ein Unservater beten, ist eine prophetische Tätigkeit. ▌ «Aus Ihm sind wir die, denen er gegenwärtig werden will; Ihm gegenwärtig für immer. Er ist unsere Herkunft: Seinem guten Willen, Seiner ‹Erwählung› verdanken wir uns. Er ist unsere Zukunft: sein guter Wille wird uns vollenden.» [37] ▌

Verschlingung
Öl und Tusche auf Landkarte, 2019
13 × 14 cm

SEIN

Imago
Mischtechnik und Schablone, 2019
12 × 14 cm

doxologie I

denn dein ist der name und das reich
und der wille

denn dein ist das brot und die vergebung
und die erlösung

in ewigkeit amen

❙ Das Unservater ist «eine Einführung in die Mystik» (nach Ambrosius von Mailand, † 397) [1] ❙ «Mit Christus / in Gedanken und im Verlangen in der ewigen Heimat leben. / Für Christus / sich keinem Dienst geschwisterlicher Fürsorge verweigern / in diesem harten Exil auf Erden. / In der Nachfolge Christi aufsteigend zum Vater sich einschränken / einfach werden / einig werden lassen / in der Ruhe der Betrachtung. / In der Nachfolge Christi herabsteigend zum Bruder sich einspannen / austeilen / entzweien lassen / allen alles werden im Handeln. / Nichts verachten, / was Christus betrifft. / Sich mit nichts befassen, was Christus nicht ist. / Durst allein nach ihm nur haben, / nach ihm allein nur sich sehnen, / da, wo es nichts gibt ausser Christus allein. / Sich willig in den Dienst aller begeben, / da, wo seine Gegenwart vervielfacht wird.» (Isaak de l'Etoile, † 1171, zitiert in der Regel von Reuilly) [34] ❙ Ein Unservater mit dankendem Rückblick zu beten bedeutet Vertrauen, dass alles gut kommt. ❙

doxologie II

ehre sei
dem vater dem ziel all unseres betens
ehre sei
dem sohn der uns das unservater beigebracht hat
ehre sei
dem geist der uns mit seufzern vertritt

▍Doxologien sind oft dreiteilig. ▍Die Doxologie, die jeweils einen gesungenen Psalm in einem Stundengebet abschliesst, heisst: «Ehre sei dem Vater und dem Sohn und dem Heiligen Geist, wie im Anfang so auch jetzt und allezeit und in Ewigkeit Amen.» ▍«Die Doxologie des Vaterunser bietet und verlangt noch keine Trinitiätslehre. Aber sie macht die Tür dazu auf, da sie die unabsehbaren Dimensionen des Da-Seins Gottes anspricht, in welche die Betenden sich hineintasten, in die sie sich hineinbeten.» [37] ▍Die obige Doxologie nimmt Gedanken aus Johannes 14–16 auf, die auf beides hinweisen: auf die Vaterbeziehung und auf die Trinität. ▍In Lukas 11,1 sehen die Jünger Jesus beten und fragen, als er aufgehört hat: *Lehre uns beten.* Seine Antwort: *Wenn ihr betet, so sprecht: Vater!* ... ▍«Ich bete dich an, Gottvater, der mich erschaffen hat. Ich bete dich an, Gottsohn, der mich erlöst hat. Ich bete dich an, Heiliger Geist, der mich so oft geheiligt hat und mich noch heiligt.» Franz Xaver († 1552) ▍

doxologie III

vater der barmherzigkeit vater der lichter
gott allen trostes
geist der freiheit

ehre sei dir

❚ Diese dreiteilige Doxologie nimmt Stellen aus dem zweiten Korintherbrief auf (2 Kor 1,3f; 3,17), dazu Jak 1,17: *Vater der Lichter;* gemeint ist eigentlich der Schöpfer der Sterne.
❚ «Zum griechischen Wort für Herrlichkeit, ‹doxa›, gehört das Verb ‹dokeo› meinen, gelten. Mit doxa ist so Gottes Geltung angesprochen, sein Ruf, den er bei denen hat, die ihn verehren ... In die Bedeutung von ‹doxa› mischt sich im neutestamentlichen Gebrauch eine weitere Bedeutungskomponente, die vom alt-orientalischen Königsprotokoll herkommt: Gottes Ruf wird sichtbar ... in seinem Glanz. Der majestätische Lobpreis, die Doxologie, mit der das Unservater endet, findet in der christlichen Kunst denn auch sichtbaren Ausdruck im Heiligenschein und im Strahlenkranz, der Gott und Christus und alle Engel und Heiligen umgibt.» [35] ❚ «Der Sinn / der Geist / das Wort / die lehren klar und frey / (so du es fassen kanst) wie Gott Drey Einig sey.» (Angelus Silesius) [8] ❚

Wasserspiegel in der Lagune
Tusche auf Origamipapier, 2017
12 × 12 cm

doxologie IV

heilig heilig heilig
bist du – dynamis

heilig heilig heilig
bist du – geistesgegenwart

heilig heilig heilig
bist du – ruach

lebendige luft

❙ In dieser trinitarischen Doxologie sind alle drei Personen weiblich: Dynamis, Geistesgegenwart, Ruach. ❙ «Dynamis», der Ausdruck für Kraft im Unservater, ist in der Bibel übrigens das häufigste Wort für den Heiligen Geist. ❙ «Ruach» ist das hebräische Wort für Geist, Atem, Wind. ❙ Ein wohltuender Aspekt der Trinität: mit den drei Personen ist die Dualität/Polarität «weiblich-männlich» überwunden. Die Trinität ist übergeschlechtlich; sie ist elterlich, da väterlich und mütterlich zugleich. ❙ Carlo Carretto (Wo der Dornbusch brennt): «Du musst dein Beten entlasten, sagte der Novizenmeister zu mir. Du musst es vereinfachen, von Verstandesarbeit lösen. Stell dich vor Jesus hin als ein Armer: ohne Ideen, aber mit lebendigem Glauben! Verharre unbeweglich vor dem Vater in Liebe! Suche nicht Gott mit dem Verstand zu erreichen, das wird nie gelingen. Erreiche ihn in der Liebe, das ist möglich.» [38] ❙ Das Unservater bringt uns ins Leben zurück. (Gregor von Nyssa) [1] ❙

doxologie V

vater der herrlichkeit
christos kyrios licht der welt
geist der weisheit

gib uns erleuchtete augen des herzens

❙ Es gibt verschiedene Spielarten des Betens; das gilt für Doxologien genauso wie für das Unservater. Denken wir nur an die Versionen in Mt 6 und in Lk 11, an die Didache; dazu gibt es Handschriften der Bibel, in denen anstelle der zweiten Bitte steht: *Dein Heiliger Geist komme über uns und reinige uns.* Das gilt es in unserem Alltag auszunützen. ❙ C.S. Lewis (Chiefly on prayer) empfiehlt beim Unservater-Beten «festoonings» – Girlanden! – zu gebrauchen. ❙ «Nur darf man nicht das Gebet so verrichten, als ob man einen Brief lesen würde. Man soll an jedem Tag dem vorgeschriebenen Gebet Neues hinzufügen» (aus der jüdischen Tradition, zitiert in Luz [9]). ❙ In Joh 8,12 sagt Christus: *Ich bin das Licht der Welt.* ❙ Paulus in Eph 1,17f: *Dass der Gott unseres Herrn Jesus Christus, der Vater der Herrlichkeit, euch gebe den Geist der Weisheit und der Offenbarung, ihn zu erkennen. Und er gebe euch erleuchtete Augen des Herzens.* ❙ Das Unservater bringt den Himmel in unser gewöhnliches Leben hinein. (Hammerling) [1] ❙

SEIN

leuchtende Gabe
Öl auf Papier, 2015
14 × 15 cm

SEIN

Kreisübung
Tusche, Bleistift auf Papier, 2018
12 × 12 cm

SEIN

doxologie VI

die heilige dreieinigkeit

ist deine hirtin
sie gibt dir schatten
und steht dir zur seite

▌Die dieser Doxologie zugrundeliegenden Bibelstellen: *Der Herr ist mein Hirt, mir mangelt nichts, er weidet mich auf grünen Auen. Zur Ruhe am Wasser führt er mich.* (Ps 23,1f) *Der Herr ist dein Hüter, der Herr gibt dir Schatten; er steht dir zur Seite.* (Ps 121,5) ▌ «Unsere Mutter, die die Erde umgibt, / Geist ist Dein Name. / Deine Freiheit komme, / Deine Liebe umhülle die Erde, / so wie sie den Himmel erfüllt. / Gib uns heute unser tägliches Leben / Und vergib uns unser verantwortungsloses Verhalten, / so wie auch wir vergeben denjenigen, die sich / uns gegenüber verantwortungslos verhalten. / Und führe uns nicht in die Falschheit, / sondern erlöse uns von der Ungerechtigkeit. / So sei sie!» (Marion Hughes) [2] ▌ «Eine hübsche Einleitung zum Gebet ist das: *Herr, verlass mich nicht, bleib mir nicht fern, mein Gott! Eile mir zu Hilfe, Herr, du mein Heil!* (Ps 38,22), denn es enthält in sich die Heilige Dreieinigkeit.» Evagrius Ponticus sieht einen trinitarischen Hinweis allein schon in dieser dreigliedrigen Bitte. ▌

SEIN

eins / uneins
Mischtechnik auf Papier, 2019
14 × 11 cm

doxologie VII

gott mit uns
gott neben uns
gott in uns

ehre sei dir
ehre sei dir
ehre sei dir

❚ «Gott für uns, wir nennen dich Vater. Gott neben uns, wir nennen dich Jesus. Gott in uns, wir nennen dich Heiliger Geist. Du bist das ewige Geheimnis, das alle Dinge möglich macht, entfaltet und belebt. Auch uns. Auch mich. Kein Name wird deiner Güte und Grösse gerecht. Wir können dich nur in dem erkennen, was ist. Wir bitten dich um vollkommenes Sehen – wie es war im Anfang, so auch jetzt und immer. Amen. So sei es.» (Richard Rohr, mit Mike Morell: Der göttliche Tanz – Wie uns ein Leben im Einklang mit dem dreieinigen Gott zutiefst verändern kann.) [39] ❚ Einen trinitarischen Segen verwendet Paulus in 2. Kor 13,13: *Die Gnade unseres Herrn Jesus Christus und die Liebe Gottes und die Gemeinschaft des Heiligen Geistes sei mit euch allen!* ❚ Siehe auch den Dreier-Rhythmus in Röm 11,33.36: *O Tiefe des Reichtums, der Weisheit und der Erkenntnis Gottes! Wie unergründlich sind seine Entscheidungen und unerforschlich seine Wege! Denn aus ihm und durch ihn und auf ihn hin ist alles. Ihm sei Ehre in Ewigkeit, Amen.* ❚

SEIN

doxologie VIII

denn dein ist der name denn dein ist das reich
denn dein ist der wille denn dein ist das brot denn
dein ist die kraft denn dein ist die vergebung
denn dein ist die erlösung denn dein ist die
herrlichkeit denn dein ist der himmel denn dein
ist die erde denn dein ist alles und dein das amen

Gibt es eine Mystik des Unservater? Ja, die muss es geben, denn das Unservater ist [1]:
- «ein Samenkorn» (Chrysologus) – es spriesst und wird grösser als alle anderen Gebete.
- «ein Ei» (Augustinus) – Geduld! Das Vögelchen wird schlüpfen. Das Gebet ist schon da.
- «ein Wundermittel» (Sedulius) – Es vertreibt Krankheit und Wahnsinn (Chrysologus).
- «das tägliche Brot, das Christus selber ist» (Sedulius) – Mehr braucht es nicht zum Leben.
- «der Schatz im Acker» (Ambrosius) – und es ist wertvoller als alle anderen Gebete.
- «wie eine Empfängnis» (Augustinus) – man muss es nur auswendig lernen.
- «verleiht Flügel» (Gregor) – Es lässt das Gute wachsen und das Schlechte schrumpfen.
- «ein Sackmesser» (Efren Efabrius) – Das Unservater ist multifunktional und polyvalent.
- «ein kurzer Text, der alles enthält, was man über Liebe, gute Taten und christliches Handeln wissen muss» (Theodorus von Mopsuestia)

SEIN

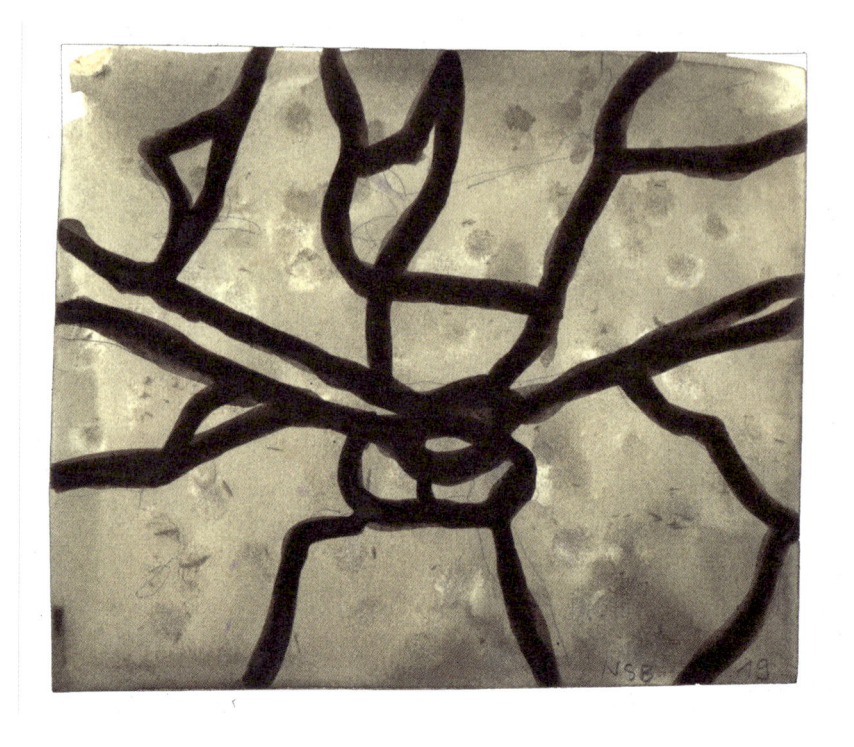

Alle Wege …
Tusche auf Papier, 2019
13 × 15 cm

SEIN

Verhältnisse und Proportionen
Tusche und Öl auf Papier, 2017
14 × 14 cm

SEIN

ich liess meine seele ruhig werden

kleines kind bei der mutter
augen über meinen augen
sie beugt sich über meine seele

hegt und pflegt sie in der wohnung
bin gerne was ich bin
habe alles was ich will

da ist
dasein

brot genug kein skorpion
kein nachtragender blick
keine falle die zuschnappt

so ist meine seele still in mir
zeitlose zukunft
zug nach vorn ohne eile

die stille die volle gegenwart
ein ganzes ja und amen

❙ Eine Unservater-Variation zu Psalm 131: *Herr, mein Herz ist nicht stolz, nicht hochmütig blicken meine Augen. Ich gehe nicht um mit Dingen, die mir zu wunderbar und zu hoch sind. Ich liess meine Seele ruhig werden und still; wie ein kleines Kind bei der Mutter ist meine Seele still in mir. Israel, harre auf den Herrn von nun an bis in Ewigkeit!* ❙ «Vaterunser / Du Tiefstes in uns / und über uns / Geheiligt werde Dein Name / Dein Reich komme / Lass es uns zum Leuchten bringen / in allen Wesen / in jedem Atom / Gib uns täglich das Brot / der Liebe und des Friedens / das Brot für den Körper / und für unser Herz / Vergib uns unser Versagen / den mangelnden Mut / und die Gleichgültigkeit / Lass uns verzeihen / Es stiftet Frieden / Führe uns durch die Versuchung / Und zeig uns den Weg / Das Böse zu wandeln in lauteres Licht / Du Tiefstes / Du Sonne / Du Frieden / Im ewigen Kreis (Thea Uhr) [17] ❙ Siehe auch Mt 7,8–11 ❙ Das Unservater: Inbegriff der Schönheit, wertvoller Edelstein und Beispiel hinreissender Lyrik. (Roy Hammerling) [1] ❙

SEIN

Doxologie
Mischtechnik auf Papier, 2019
16 × 16 cm

Innerer Ausblick
Öl auf Papier, 2019
14 × 12 cm

Zusammenhalten
Öl und Tusche auf Papier, 2019
14 x 14 cm

Brief an Autor und Autorin – ein Nachwort

Lieber Xandi
Liebe Nadine

Gerne möchte ich euch ein paar Zeilen schreiben zu eurem neuen Buch «Improvisationen zum Unservater – Wie wenn ich beten könnte», das ich genauso wie das Psalmenbuch[1] mit grosser Begeisterung gelesen habe.
Ich bete das «UnserVater» oder wie ich es für mich nenne das «VaterMutterUnser» nicht dreimal täglich, wie empfohlen, aber oft, seit ich es als Kind auswendig gelernt habe. Ich erinnere mich, dass ich als Primarschülerin nach dem Beichten und den vom Priester auferlegten drei Vater Unsern und drei Ave Maria fröhlich und leicht nach Hause gehüpft bin. Ein Glücksgefühl sondergleichen! Ein neues Herz ganz frei von «Sünden» und eingehüllt in das Gemurmel meiner kleinen Gebete.
Heute bete ich das UnserVater immer noch oft, aber den Schluss, die Doxologie, habe ich für mich seit Jahrzehnten abgeändert in: «denn dein ist das Reich und die Kraft und der Glanz ...» (statt Herrlichkeit). Andere beten «Zärtlichkeit», v. a. auch wegen des Rhythmus der Sprache. Doxa heisst ja so vieles, und Herrlichkeit scheint mir die schlechteste aller Varianten. Es ist dem hebräischen «kavod» vergleichbar: Gewicht, Ehre, Glanz ... HERR und HERRLICHKEIT kann ich im Zusammenhang mit Gott nicht mehr sagen. HERR gilt mir nur noch im Zusammenhang mit Jesus. Wenn jemand, dann ist er mir HERR, Bruder, Heiland.
Deine Theo-Poesie, lieber Xandi, macht mir dieses Gebet weit und süss und schön! Deine Erläuterungen und Vertiefungen sind so hilfreich, weiterführend, sorgfältig recherchiert und komponiert. Und sie loten die Tiefe aus, in der Du mit grosser Weisheit und Gespür auf Du und Du bist mit dem «Herrengebet».
Als feministische Theologin kann ich vor allem den Verben folgen, in denen Du das Unser Vater konjugierst. Heiligen. Kommen. Geschehen. Geben. Vergeben. Führen. Erlösen. Sein. Seit ich das Buch der feministi-

---

[1] Xandi Bischoff, Nadine Seeger, Psalmen destillieren – alte Gebete neu lesen, Basel 2018

schen US-amerikanischen Theologin Carter Heywards «Und sie rührte sein Kleid an» gelesen habe, fasziniert mich ihr völlig anderes Gottesbild, das sie nicht mehr statisch entwirft, sondern als Verb. «To god», sagt sie. Gott ist für sie «power in relation». Sie sagt: «*Durch die feministische Bewegung habe ich gelernt, unsere Macht in Beziehung als Gott zu erfahren, zu erkennen und auch Gott zu nennen. Gott ist für mich das, was wir als Mutter oder Vater, als Schwester oder Geliebte, Freund oder Bruder denken können. Wir können uns Gott als eine noch schwache Stimme oder als Donnerschlag vorstellen. Gottes Transzendenz erfahren wir in der Beständigkeit, mit der Gott zwischen uns Brücken baut. Gott ist nicht mein, sondern unser; und Gott gehört nicht nur uns, sondern auch anderen Menschen und nicht einmal einfach anderen Menschen. Gott ist die Macht in Beziehung zwischen Pflanzen und Hunden und Walen und Bergen und Städten und Sternen. Göttliches Wesen treibt uns, sehnt sich nach uns, bewegt sich in uns und durch uns und mit uns, indem wir uns selbst als Menschen erkennen und lieben lernen, die von Grund auf in Beziehung stehen und nicht allein sind.*»[2]

Da holst Du mich ab mit den acht Verben des «VaterMutterUnser». Nicht der statische Mann-Gott, der in unheiliger Allianz mit den herrschenden Mann-Diktatoren steht, sondern Gott als Weisheit (danke Nadine!), Gott als Heilige Ruah, als Geistkraft, als «dynamis», Mutterschoss, barmherziges und gerechtes Tun.

Abhängen tu ich meist, wenn ich HERR oder VATER lese oder höre. Nebenbei: Das hat nichts mit meinem eigenen Vater zu tun, dessen freundliche Strenge und Gradlinigkeit ich ebenso geliebt habe wie seinen Humor und seine Verlässlichkeit. Als römisch-katholische Theologin ist die ununterbrochene Vermännlichung Gottes ein schmerzhaftes Terrain, da die Männlichkeit Jesu als Grund angegeben wird, der die umfassende Gleichwertigkeit zwischen den Geschlechtern in meiner Kirche verunmöglicht und den Frauen qua Geschlecht den Zugang zum Priestertum verweigert. Gott ist für mich nie und nimmer VATER oder HERR. Mary Daly formulierte es einst so: «Solange Gott männlich ist, ist das Männliche Gott!» Gott kann nicht ausschliesslich ein ER sein. Wenn, dann ist Gott ebenso SIE oder ES. Oder alles miteinander, zusammen oder gar

---

[2] Carter Heyward, Und sie rührte sein Kleid an. Eine feministische Theologie der Beziehung, Stuttgart 1986, 30f.

nichts davon und mehr als alles. Redlicherweise sollten alle Theologen und Theologinnen als Poetinnen und Poeten das Gottesbild weiten und nicht auf der einzig-gültig scheinenden Schiene der männlichen Grammatik verharren. Wie öde ist das in den meisten Gottesdiensten, in fast allen theologischen Kommentaren, in deutsch- und anderssprachigen Gemeinschaften und Orden, egal welcher Couleur!

Durch Deine Theo-Poesie holst Du mich immer wieder zum Gebet zurück, lockst mich, indem Du Türen und Fenster öffnest, Vorhänge zurückziehst und mir den Himmel zeigst.

Deine Bilder und Dein Vorwort, liebe Nadine, auch sie machen auf und weiten. Sie nehmen mich an der Hand und zeigen mir neues Land. Ich liebe das Format der Miniaturen, die Farben, Formen, vor allem aber die Transparenz. Da ist immer ein Mehr, ein Dahinter, das mehr noch als Worte Göttliches durchschimmern lässt.
Ihr zwei seid ein wunderbares Geschwisterpaar – mit Stift und Pinsel, mit Passion und Liebe.

Ich habe euch zu danken! GOTT, DIE LEBENDIGE sei mit euch.

Monika Hungerbühler

Feministische Theologin, Basel, röm.-kath. Leiterin der Offenen Kirche Elisabethen Basel

Himmel und Erde
Öl auf Papier, 2019
14 × 13 cm

Abkürzungen

AT	Altes Testament oder Erstes Testament
cf.	confer (vergleiche)
Dan	Daniel (Prophet)
f	folgende/r (Singular)
ff	folgende (Plural)
Eph	Epheserbrief des Paulus
Gal	Galaterbrief des Paulus
Hebr	Brief an die Hebräer
Jak	Jakobus-Brief
Jer	Jeremia (Prophet)
Jes	Jesaja (Prophet)
Jh.	Jahrhundert
Joh	Johannes(-Evangelium)
Kor	Korintherbrief des Paulus
Lk	Lukas(-Evangelium)
Mk	Markus(-Evangelium)
Mt	Matthäus(-Evangelium)
n.	nach
NT	Neues Testament
Offb	Offenbarung (auch Apokalypse genannt)
Phil	Philipperbrief (des Paulus)
par	Parallelstelle
Ps	Psalm
Röm	Römerbrief (des Paulus)
s.	siehe
Tim	Timotheusbrief
übers.	übersetzt
v	Vers
vgl	vergleiche
z. B.	zum Beispiel
†	Todesjahr

Literaturangaben

1. Hammerling, Roy, *The Pearl of Great Price: The Lord's Prayer in the Early Church*. 2010, Hampshire: Palgrave-Macmillan.
2. Bühler, Pierre, Käthi LaRoche, Frank Mathwig, Marie-Christine Michau, Otto Schäfer, Matthias Dominique Wüthrich, *Rede und Antwort stehen – Glauben nach dem Unservater*. 2014, Zürich: TVZ.
3. Guardini, Romano, *Gebet und Wahrheit – Meditationen über das Vaterunser*. topos taschenbücher. 2019/1963, Würzburg: Matthias-Grünewald-Verlag/ Werkbund-Verlag.
4. Neugebauer, Fritz , *Das Vaterunser. Eine theologische Deutung*. 2008, Leipzig: Evangelische Verlagsanstalt.
5. Berger, Klaus, Christiane Nord, *Das Neue Testament und frühchristliche Schriften*. 1999, Frankfurt am Main: Insel-Verlag.
6. Bonhoeffer, Dietrich, *Gemeinsames Leben*. 2010, München: Gütersloher Verlagshaus.
7. Alighieri, Dante, *La Commedia – Die Göttliche Komödie. Purgatorio – Läuterungsberg (In Prosa übersetzt und kommentiert von Hartmut Köhler)*. 2010, Stuttgart: Philipp Reclam jun.
8. Angelus Silesius (Johannes Scheffler), *Cherubinischer Wandersmann*. 1984, Stuttgart: Philipp Reclam jun.
9. Luz, Ulrich, *Das Evangelium nach Matthäus I/1*. EKK. 1995, Zürich: Benziger/Neukirchener.
10. Kaiser, Gerhard, Hans-Peter Mathys, *Das Buch Hiob – Dichtung als Theologie*. 2010, Berlin: Verlag der Weltreligionen im Insel-Verlag.
11. Lehnert, Christian, *Korinthische Brocken – Ein Essay über Paulus*. 2013, Berlin: Suhrkamp.
12. Hammarskjöld, Dag, *Zeichen am Weg*. 2011, Stuttgart: Verlag Urachhaus.
13. Teresa von Avila, *Weg der Vollkommenheit*. 2012, Freiburg: Herder.
14. Lehnert, Christian, *Cherubinischer Staub*. 2018, Berlin: Suhrkamp.
15. Berger, Klaus, *Das Vaterunser – Mit Herz und Verstand beten*. 2014, Freiburg: Herder.
16. Hélder Câmara, *Haben ohne festzuhalten: Texte für eine bessere Welt*. 2009, Stuttgart: Pendo.

17. Stöckli, Rainer, Ina Pastorius, *Vater Unser, Mutter Unser – Das Gebet des Herrn in 150 Variationen aus 250 Jahren*. 2017, Schwellbrunn: Appenzeller-Verlag.
18. Lohfink, Gerhard, *Das Vaterunser neu ausgelegt*. 2007, Bad Tölz: Verlag Urfeld.
19. Müller, Barbara, *Von der Kraft der Seele und der Spannkraft des Körpers nach den ägyptischen Wüstenmönchen,* in *Patristik und Resilienz: Frühchristliche Einsichten in die Seelenkraft,* C. Sedmak M. Bogaczyk-Vormayr, Editors. 2010, Berlin: Akademie-Verlag.
20. Dyckhoff, Peter, *Ruhegebet*. 2015, Stuttgart: Katholisches Bibelwerk.
21. Lohse, Eduard, *Vater Unser – Das Gebet der Christen*. 2009, Darmstadt: WBG.
22. Söding, Thomas, *Führe uns nicht in Versuchung. Das Vaterunser in der Diskussion*. 2018, Freiburg: Herder.
23. Benyoëtz, Elazar, *Scheinhellig – Variationen über ein verlorenes Thema. Aphorismen*. 2009, Wien: Braumüller-Verlag.
24. Evagrius Ponticus, *Die grosse Widerrede: Antirrhetikos*. 2012, Münsterschwarzach: Vier-Türme-Verlag.
25. *Gesangbuch der Evangelisch-reformierten Kirchen der deutschsprachigen Schweiz*. 1998, Basel: Friedrich Reinhardt Verlag.
26. Braulik, Georg, *Psalmen beten mit dem Benediktinischen Antiphonale*. Österreichische biblische Studien. Vol. 40. 2011, Frankfurt am Main: Peter Lang.
27. Kommunität von Reuilly, *Leben aus der Freude an Gott – Eine christliche Lebensregel*. 2010.
28. Bunge, Gabriel, *Irdene Gefässe – Die Praxis des persönlichen Gebetes nach der Überlieferung der heiligen Väter*. 2017, Beuron: Verlag Christlicher Osten.
29. Hell, Daniel, *Die Sprache der Seele verstehen – Die Wüstenväter als Therapeuten.* 2007, Freiburg, Basel, Wien: Herder.
30. Mühlen, Heribert, *Lob- und Dankgebete*. 1979, Luzern: Rex.
31. Peterson, Eugene, *The Word Made Flesh – The Language of Jesus in His Stories and Prayers*. 2009, Grand Rapids: Eerdmans Publishing Company.

32. Körner, Reinhard, *Das Vaterunser – Lebenshilfe aus dem Gebet Jesu*. 2008, Leipzig: St. Benno-Verlag.
33. Sölle, Dorothee, *Mystik und Widerstand – «Du stilles Geschrei»*. 1998, Hamburg: Hoffmann und Campe.
34. Kommunität von Reuilly, *Leben aus der Freude an Gott – Eine christliche Lebensregel*. 2000, Basel: Brunnen.
35. Evangelisch-reformierte Landeskirche des Kantons Zürich, *Erklärt – Der Kommentar zur Zürcher Bibel*. 2010, Zürich: Theologischer Verlag Zürich.
36. Weil, Simone, *Le notre père*. 2017, Montrouge: Bayard.
37. Werbick, Jürgen, *Vater Unser – Theologische Meditationen zur Einführung ins Christsein*. 2011, Freiburg: Herder.
38. Carretto, Carlo, *Wo der Dornbusch brennt – Geistliche Briefe aus der Wüste*. 1973, Freiburg: Herder.
39. Rohr, Richard, Mike Morell, *Der göttliche Tanz – Wie uns ein Leben im Einklang mit dem dreieinigen Gott zutiefst verändern kann*. 2016, Asslar: adeo.

Die Autoren

Xandi Bischoff ist 1956 in Boston geboren und in Basel und Riehen aufgewachsen; war lange in der internationalen Zusammenarbeit in Angola und anderen Ländern tätig; lebt heute in Montmirail bei Neuchâtel; Mitglied der Communität Don Camillo; Pflege- und Gesundheitsforscher.

Nadine Seeger, 1960, in Buenos Aires geboren, lebt in Riehen bei Basel. Bildende Künstlerin und Performerin, Ausstellungstätigkeit und Performanceauftritte in Deutschland und der Schweiz.

Minimeditationen und Miniaturen
für das ganze Jahr

Marianne Bertschi, Xandi Bischoff,
Heiner Schubert, Nadine Seeger
Minimeditationen und Miniaturen
für das ganze Jahr
416 Seiten, Hardcover
CHF 19.80
ISBN 978-3-7245-2174-7

Minimeditationen und Miniaturen – der Titel verspricht konzentrierte Kost für den täglichen geistlichen Verzehr. Nicht um den Betrachtenden Zeit zu sparen, sondern um ihnen Zeit zu geben, das Verkostete innerlich zu bewegen. Ein wichtiges Merkmal der minimalen Kunst ist die Wiederholung. Ob im rhythmischen Spiel mit der vertrauten Sprache, in der Repetition des malerischen oder zeichnerischen Motivs – die Kunst der Miniatur besteht darin, auf kleinstem Raum eine Wieder-Holung zu erzeugen.

Psalmen destillieren
alte Gebete neu lesen

Xandi Bischoff, Nadine Seeger
Psalmen destillieren
alte Gebete neu lesen
392 Seiten, Hardcover
CHF 19.80
ISBN 978-3-7245-2282-9

Der Psalter ist eine Sammlung von Gebeten und Liedern, die über Jahrhunderte Schicht für Schicht gewachsen ist, weil Menschen in allen möglichen Lebenssituationen alleine oder zusammen diese Texte gebraucht, gebetet, verändert, erweitert oder verknappt haben. In der Begegnung mit diesen Texten sind 150 Destillationen entstanden. Die 150 Psalmen wurden so destilliert, bis sie in der Form von Haikus, jener alten japanischen Gedichtform, und gemalten Miniaturen vorlagen. Psalmen haben Schichten wie Textcollagen, so wie auch viele der Miniaturen aus mehreren Schichten bestehen, und ergeben bei jedem Lesen, Anschauen und Meditieren einen neuen Text, eine neue Form und einen neuen Sinn. Psalmen sind polyvalent, vieldeutig, multifunktional und mehrfarbig. Sie lassen sich nicht festlegen, und wenn man sie fangen will, rennen sie davon. Das macht sie lebendigen Wesen ähnlich.